ein Ullstein Sachbuch

Ullstein Buch Nr. 4100
im Verlag Ullstein GmbH,
Frankfurt/M – Berlin – Wien
Titel der französischen
Originalausgabe:
Le Tennis en 10 Leçons
Übersetzt von Marita Weber

Deutsche Erstausgabe

Umschlagentwurf: Hansbernd Lindemann

Printed in Germany 1978
Gesamtherstellung:
Ebner, Ulm
ISBN 3 548 04100 0

CIP-Kurztitelaufnahme
der Deutschen Bibliothek

Darmon, Pierre

Tennis, Satz für Satz:
Ausrüstung, Technik, Regeln, Verbände,
Alphabet d. Fachausdrücke /
Pierre Darmon; Jean Couvercelle. –
Dt. Erstausg. –
Frankfurt/M, Berlin, Wien:
Ullstein, 1978.
([Ullstein-Bücher] Ullstein-Buch;
Nr. 4100: Ullstein-Sachbücher)
Einheitssacht.: Le tennis en dix
leçons ‹dt.›
ISBN 3-548-04100-0

NE: Couvercelle, Jean:

Pierre Darmon
Jean
Couvercelle

Tennis
Satz für Satz

Ausrüstung · Technik
Regeln · Verbände · Alphabet
der Fachausdrücke

ein Ullstein Sachbuch

INHALT

LEKTION 1

Der Anfang

Mein Lebensweg hat sich mehr oder weniger aus einem Zufall ergeben. Wenn meine Eltern nicht in der Nähe eines Tennisklubs gewohnt hätten, wäre ich ganz sicherlich kein Spitzenspieler geworden.

Ich bin in Tunis aufgewachsen. Nur wenige Schritte über die Straße genügten, um den »Großen« als Zaungast bei diesem abenteuerlichen Spiel mit einem kleinen weißen Ball zuzusehen. Schon als kleiner Junge hat es mich so begeistert, daß ich mir fest vornahm, einmal ein ganz großer Crack zu werden.

Meine Mutter hatte es nicht einfach mit mir. Anstatt die Schularbeiten zu machen, schlich ich mich nachmittags heimlich aus dem Haus zu meinen geliebten Courts und drückte mir am Gitter die Nase platt.

Es dauerte jedoch noch eine ganze Weile, bevor ich selbst das erstemal ein Racket in die Hand bekam. Aber Technik und Spieltaktik waren mir bereits so vertraut, daß ich in meiner Phantasie jeden Schlag hätte ausführen können. Es dauerte lange, für mich eine Ewigkeit, bis meine Eltern endlich einsahen, daß sie um das Geschenk eines Schlägers nicht herumkamen. Von Stund' an war keine Hauswand mehr vor mir sicher.

Fortan übte ich – unermüdlich – meine Vor- und Rückhandschläge. Bald beherrschte ich sie wie im Schlaf. Mit zunehmender Routine stellte ich mir meine eigenen Spielregeln auf. Dabei baute ich mir immer mehr Schwierigkeitsfaktoren ein. Wenn ich es schaffte, 50mal den Vor- und Rückhandschlag im rhythmischen Wechsel fehlerfrei hintereinander zu schlagen, gönnte ich mir eine längere Verschnaufpause.

Auf diese Weise habe ich mir sehr schnell die ersten Grundkenntnisse für mein Tennis beigebracht. Später erst sollte ich die Gelegenheit haben, mit den unterschiedlichsten Spielpartnern an meiner Taktik zu arbeiten.

Heute bin ich sehr stolz, sagen zu können, daß ich mir meine Kenntnisse im Racketsport selbst beigebracht habe. Keine Trainerstunde, kein kluges Tennislehrbuch habe ich zu Rate gezogen. Ich habe nur durch Beobachten umgesetzt. Ich habe gedanklich verarbeitet, was mein Auge wahrgenommen hat, und in aktives Spiel umgesetzt.

Befürchten Sie bitte nicht, daß ich Ihnen hier meine ganze Lebensgeschichte erzählen will. Hätte ich Ihnen jedoch vorenthalten, wie ich mich selbst an diesem schwierigen Sport herangeführt habe, könnte ich Ihnen wohl kaum glaubhaft machen, daß das genaue Beobachten dieses komplizierten Ballsports das Element zum Erlernen eines der schönsten Hobbys ist. Je besser Ihr Auge wahrnimmt, je genauer Sie in der Lage sind, kritisch visuell wahrzunehmen, je schneller werden Sie Ihr Wissen auf dem Platz anwenden und umsetzen können.

Genaues Beobachten kann man erlernen. Jedes gesunde Baby ist mit dieser Gabe geboren. Doch es hängt zunächst von dem Einfluß der Eltern, von Ihrer Umwelt und später von Ihnen selbst ab, was Sie mit dieser Fähigkeit machen. Sie müssen sie fördern und entwickeln.

Der Tennissport ist bestens geeignet, diese Veranlagungen zu schulen und zu steigern. Unnötig zu sagen, daß eine gute Beobachtungsgabe für viele andere Bereiche des Lebens von großem Vorteil sein kann.

Wir haben unser Buch in zehn Unterrichtsstunden unterteilt. Wir können Ihnen hier nur theoretisches Wissen vermitteln. Leider!

Es liegt mir am Herzen, Ihnen bei der Lektüre dieses Buches zu empfehlen, größte Aufmerksamkeit walten zu lassen. Denn es ist nicht einfach, theoretisches Wissen über einen technisch schwierigen Bewegungsablauf geistig zu verarbeiten und in der Praxis spontan parat zu haben. Sie sollten, wenn möglich, bei der Lektüre methodisch vorgehen, Seite für Seite sorgfältig studieren.

Mit Hilfe der Zeichnungen sollten Sie die ersten Übungen an einem ruhigen Ort für sich allein ausprobieren. Wenn Sie dann das Gefühl haben, daß Ihnen das erlernte Wissen gewissermaßen in »Fleisch und Blut« übergegangen ist, gehen Sie mit Elan auf einen Tennisplatz. Ein Übungspartner ist freilich unvermeidlich.

Und noch etwas, das Ihnen möglicherweise das Lernen erleichtern wird. Stellen Sie sich beim Durchlesen unserer Lehrmethode vor, Sie stünden als Zuschauer in einem Tennisklub und beobachteten verschiedene Spieler während eines Matches.

Sollten Sie das Glück haben, gleich den Klubmeister ausfindig zu machen, so schenken Sie ihm sehr viel länger und intensiver Aufmerksamkeit als einem Anfänger. Denn bei einem Anfänger können Sie meistens nur die Vielzahl der Fehlerquote registrieren. Wenn im Fernsehen ein spektakuläres Match ausgetragen wird, vergessen Sie nicht, diese kostbaren Sendeminuten zu nutzen. Welcher Anfänger oder auch Durchschnittsspieler wird nicht von einem Jimmy Connors oder Manuel Orantes begeistert sein und sich bemühen, diesen Cracks schon am nächsten Tag nachzueifern. Natürlich schlägt Ihr Vorhaben fehl. Aber immerhin, Sie haben die imponierende Ausholbewegung, den faszinierenden Rückhandschlag oder die rasante Lauftechnik eines Spitzenspielers beobachtet und begeistert in sich aufgenommen.

Kehren wir jedoch lieber zurück zu den Anfängen, zu unseren ersten zehn Unterrichtsstunden. Wir werden uns bemühen, Ihnen die Grundschläge dieses Sports beizubringen. Wir wollen die Technik erst im Anschluß analysieren. Es folgen einige Spezialschläge, die wir mit praktischen Tips untermauern. Lassen Sie sich nicht beim Umsetzen von den komplizierten Bewegungsabläufen der Zeichnungen abschrecken.

Ihre Ausübung ist zur Unterstützung des Gelesenen notwendig. Sie sollen eine Gedächtnisstütze, eine Untermauerung Ihrer geistigen Umsetzung sein.

Machen Sie jedoch nicht den Fehler, zu glauben, Sie könnten aus den Zeichnungen allein Ihr Tenniswissen schöpfen. Sie sollten zusätzlich gedankliche Fehler verhindern und zum besseren Verständnis beitragen.

Noch eine Empfehlung, die wir Ihnen – gewissermaßen vorab – auf Ihren Tennisweg geben möchten: Suchen Sie sich als Anfänger einen ebenso »frischen« Lernpartner. Auch »Er« oder »Sie« sollte mit Elan zum erstenmal ein Racket in der Hand halten, wenn es an die erste Übungsstunde geht. Denn pädagogisch gesehen liegen die Vorteile klar auf der Hand:

Sie werden beide den Ehrgeiz entwickeln, so schnell wie möglich den Vor- und Rückhandschlag zu erlernen, um miteinander spielen zu können. Je nach Talent und Disziplin kann daraus rasch ein dauerhafter Ballwechsel werden, erste Spielfreuden stellen sich dann rasch ein.

Je häufiger Sie miteinander üben, desto mehr gewöhnen Sie sich an die »Eigenart« Ihres Partners. Schon bald können Sie sich auf seine Stärken und Schwächen einstellen.

Wenn einer von Ihnen einen besonders schlechten Tag hat, brauchen Sie sich nicht tausendmal zu entschuldigen. Sie können sicher sein, Ihr Mitstreiter wird sehr viel Verständnis für Ihre Situation haben. Ihr Formtief ist ihm gerade willkommen, schließlich gibt es ihm doch das Gefühl, an diesem Tag um mindestens eine Spielklasse besser als Sie zu sein. Ein weiterer Grund: Kann es nicht sein, daß Ihr Übungspartner schon am nächsten Tag von einem Formtief überfallen wird?

Vielleicht aber der wichtigste Aspekt des gemeinsamen Erlernens: Sie haben in Ihrem Übungspartner einen Verbündeten. Er gibt Ihnen das Gefühl der Solidarität. Denn nichts untergräbt mehr die Spielmoral eines Anfängers, als wenn er sein frischgewonnenes Tennistalent gleich gegen einen besseren Spielpartner unter Beweis stellen muß. Es ist wie mit einem jungen aufstrebenden Pflänzchen, das nur wachsen und gedeihen kann, wenn es nicht im Schatten der Stärkeren groß werden muß. Ihre Spielmoral würde nach mehreren Niederlagen einen erheblichen Knacks bekommen. Deshalb unser Rat: Lassen Sie zunächst die Finger von einem stärkeren Gegner. Auch wenn Sie später jede Gelegenheit nutzen sollten, gegen einen besseren Spieler anzutreten.

Sie sollten sich vielmehr anfänglich darauf konzentrieren, sich verbal mit Ihrem Übungspartner zu verständigen. Sie sollten sich während der Übungsspiele und anschließend auf der Klubterrasse über jede Schwierigkeit äußern und jeden Erfolg gegenseitig registrieren. Sie werden schnell merken, wie wichtig es für Sie beide sein wird, an Tagen, wo mal wieder alles danebenging, mit Ihrem Partner ohne Scheu über Ihre Probleme zu sprechen. Sie brauchen einen Verbündeten. Bedenken Sie: Ist es nicht herrlich, wenn Sie einem »ebenbürtigen« Gesprächspartner über einen besonders geglückten Tennistag mit anteilnehmender Freude berichten können. Von einem besseren Spieler würden Sie wohl kaum eine aufmunternde Resonanz erhalten.

Und schließlich – sollte Ihr Partner sehr viel schneller zu routinierten Schlägen kommen, also schlichtweg mehr drauf haben als Sie, so würden Sie sich mit aller Wahrscheinlichkeit größte Mühe geben aufzuholen. Konzentration und Lernbereitschaft steigern dann ohne Zweifel Ihre Leistung.

Doch nun genug der einführenden Plauderei. Inzwischen sind Sie genügend eingestimmt, um sich den technischen Dingen zu widmen.

Ein wichtiger Hinweis noch: Alle Schlagausführungen, Bewegungsabläufe und Körperhaltungen sind für rechtshändiges Tennis beschrieben: Die Linkshänder unter Ihnen müßten demzufolge rechts für links und links für rechts lesen. Das heißt, Sie müssen sich bei jeder Schlagtechnik lediglich die andere Körperseite ins Gedächtnis und vor Augen führen. Der rhythmische Bewegungsablauf ändert sich dadurch nicht.

Bevor wir nun in die technischen Details gehen, müssen wir Ihnen die sich ständig wiederholende Sprachterminologie des Tennissportes erklären.

Beginnen wir also mit dem Rüstzeug zu Ihren zehn Unterrichtsstunden:

Das Spiel

Wir gehen davon aus, daß Sie schon einmal ein Tennismatch beobachtet haben.

Wir wollen uns deshalb nicht am Anfang mit der komplizierten Zählweise des Spiels oder mit den Spielregeln auseinandersetzen. Einzelheiten führen wir im Anschluß nach unseren zehn Übungsstunden auf.

Für alle Anfänger jedoch, die durch dieses Buch zum allererstenmal etwas über Tennis erfahren, muß freilich gesagt werden: Beim Tennis versucht jeder Spieler durch eine Folge von Gewinnpunkten seinen Gegner zu besiegen. Das Spiel beginnt mit einem Aufschlag von der rechten Seite der Grundlinie.

Der Aufschläger muß versuchen, den Ball in das rechte Aufschlagfeld des Gegners zu »servieren«. Der Gegner darf den Ball erst nach dem Aufprall im Aufschlagfeld annehmen und als Return in das gegnerische Feld zurückschlagen.

Der Aufschläger bemüht sich nun, den Ball taktisch klug und technisch sauber zurückzuschlagen.

Kommt der Ball in die rechte Hälfte des Spielfeldes, wird er als Vorhandschlag genommen. Wird er in die linke Hälfte des Spielfeldes plaziert, gibt man ihn als Rückhandschlag zurück. Befinden Sie sich im Spielverlauf am Netz oder in Netznähe, so ist es fast immer ratsam, den Ball als Flugball (Volley) oder Überkopfball (Smash, Schmetterball) abzufangen.

Kommt der Ball nicht flach über das Netz, sondern als hoher Flugball (Lob), der nach dem Aufprall ebenso hoch abgeht, so liegt

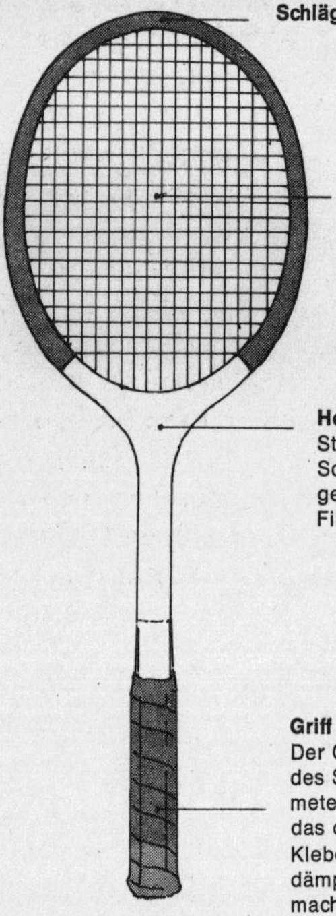

Der Tennisplatz

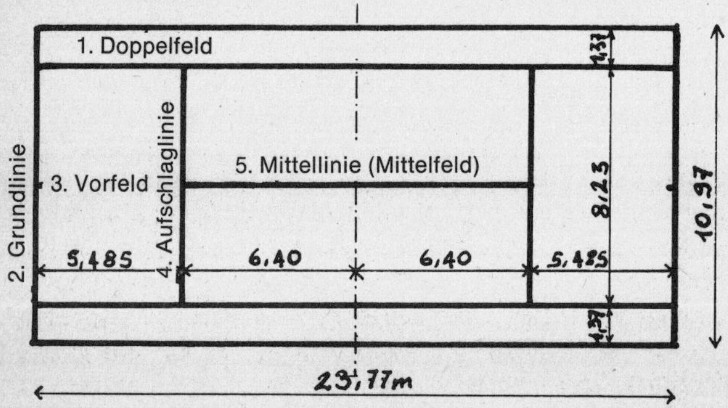

die Kunst des Zurückschlagens darin, mit akrobatischen Verrenkungen den Ball als hohen Lob ebenfalls virtuos ins Feld Ihres Kontrahenten zurückzuplazieren. Doch damit wären wir bereits bei den Spezialschlägen, über die wir erst am Ende unserer zehn Unterrichtsstunden berichten wollen.

Für Sie ist zunächst nur wichtig zu erfahren, daß der Ball mit einer Vielzahl von Schlagtechniken in das gegnerische Spielfeld gebracht werden kann. Ein Ball gilt dann als fehlerhaft, wenn er nicht über das Netz kommt oder außerhalb der begrenzenden Seitenlinien des gegnerischen Spielfeldes aufprallt.

Selbstverständlich gibt es noch eine Reihe anderer Fehlerursachen, die wir in unserem Regelanhang erwähnen werden.

Um ein Spiel zu gewinnen, müssen Sie zwei Gewinnpunkte mehr als Ihr Gegner erzielen. Sechs Gewinnspiele führen zu einem Satzgewinn. National gehören zu einer Turnieraustragung zwei gewonnene von insgesamt drei Sätzen. International gilt die Regel, daß Sie mindestens drei gewonnene von insgesamt fünf Sätzen zum Sieg benötigen.

Die Griffhaltungen

Zunächst müssen Sie wissen, wie Sie Ihren Tennisschläger korrekt halten, um optimal spielen zu können. In aller Regel sollen die Vorhandbälle mit dem Vorhandgriff (Easterngriff) und die Rückhandbälle mit dem Rückhandgriff (Continentalgriff) geschlagen werden.

Der Rückhandgriff

Die linke Hand hält den Schläger am Schlägerhals. Die Innenfläche der rechten Hand liegt auf der oberen rechten Schmalseite des Griffes. Das Ende des Griffes schließt mit dem Handballen ab. Kleiner Finger, Ringfinger und Mittelfinger liegen zusammen an der unteren Schmalseite, der Zeigefinger ist leicht abgespreizt. Er liegt an der rechten Breitseite des Griffes. Der Daumen liegt schräg auf der linken Breitseite des Griffes.

WIE SIE IHREN SCHLÄGER HALTEN MÜSSEN

Der Vorhandgriff

Die rechte Hand umfaßt den unteren Teil des Griffes, so daß der Handballen den Abschluß bildet. Die Innenfläche der rechten Hand liegt zum Teil an der hinteren rechten Breitseite des Griffes, teilweise jedoch auf der oberen Schrägfläche (Schmalseite) des Griffes. Die Finger umschließen bei entspannter Muskulatur schräg nach vorn den Griff. Der Zeigefinger wird leicht abgespreizt. Der Daumen liegt auf der vorderen linken Breitseite und berührt den Mittelfinger.

Griffwechsel

Das Umgreifen des Schlägers vom Vorhandschlag zum Rückhandschlag müssen Sie wie im Schlaf beherrschen, es muß ohne jede Überlegung und mechanisch vollzogen werden.

Das Umgreifen zum Rückhandgriff wird optisch nur durch die Zuhilfenahme der linken Hand sichtbar. Sie hält den Schläger am Schlägerhals oder Schlägerschaft zwischen Herz und Schaft. Die linke Hand verhindert ein »Herunterhängen« des Schlägerkopfes und verteilt das Gewicht des Schlägers auf beide Arme.

Während der Umgreifbewegung wird die Handmuskulatur leicht entspannt und entlastet. Die Hand löst sich in diesem Moment für den Bruchteil einer Sekunde vom Schlägergriff, um zu erfühlen, in welcher Griffhaltung der ankommende Ball genommen werden muß.

Das rechtzeitige Reagieren und Umsetzen ist Voraussetzung für eine korrekte Griffhaltung und einen fehlerfreien Schlag. Denn während des Spiels werden Sie keine Gelegenheit haben, sich gedanklich damit auseinanderzusetzen. Sie müssen sich dann voll auf Ihren Gegner und Ihr taktisches Spielmanöver konzentrieren.

Fast ebenso wichtig für eine fehlerfreie Schlagtechnik ist der Winkel, in dem der Schlägerkopf zum Schlagarm gehalten wird. Von der Seite betrachtet müssen Unterarm und Handrücken mit dem Schläger einen stumpfen Winkel bilden. Diese Haltung muß für Sie, wann immer Sie während eines Matches den Schläger im Einsatz haben, Idealhaltung angesehen werden. Nur in dieser Haltung können Sie den Ball optimal treffen.

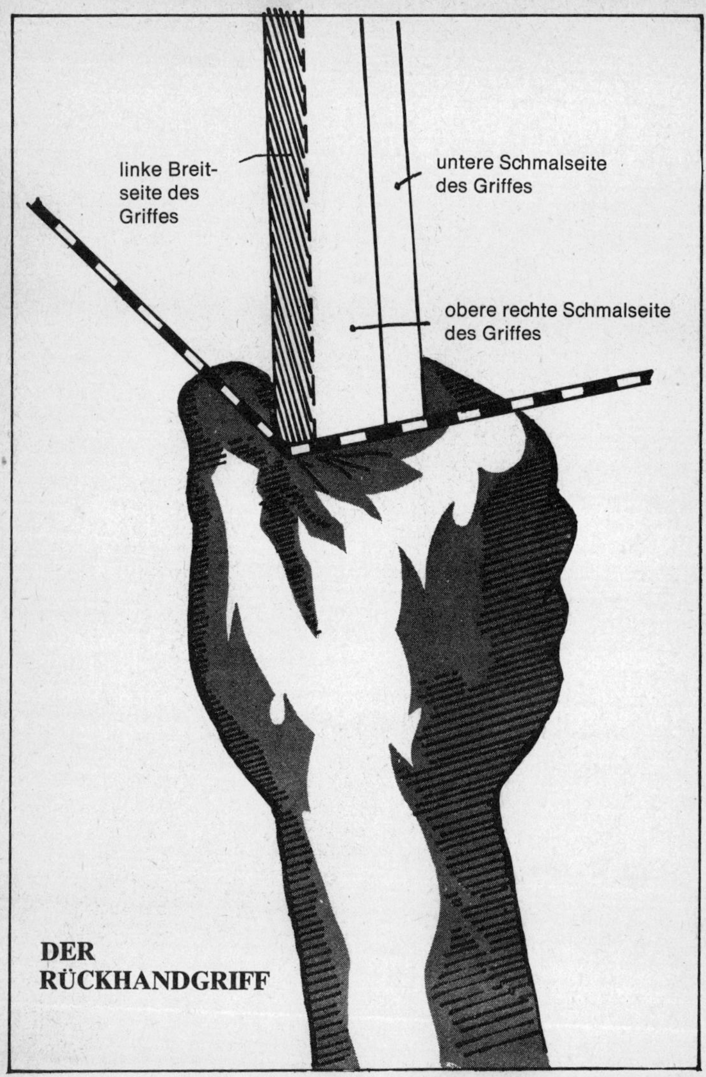
linke Breit-
seite des
Griffes
untere Schmalseite
des Griffes
obere rechte Schmalseite
des Griffes
DER
RÜCKHANDGRIFF

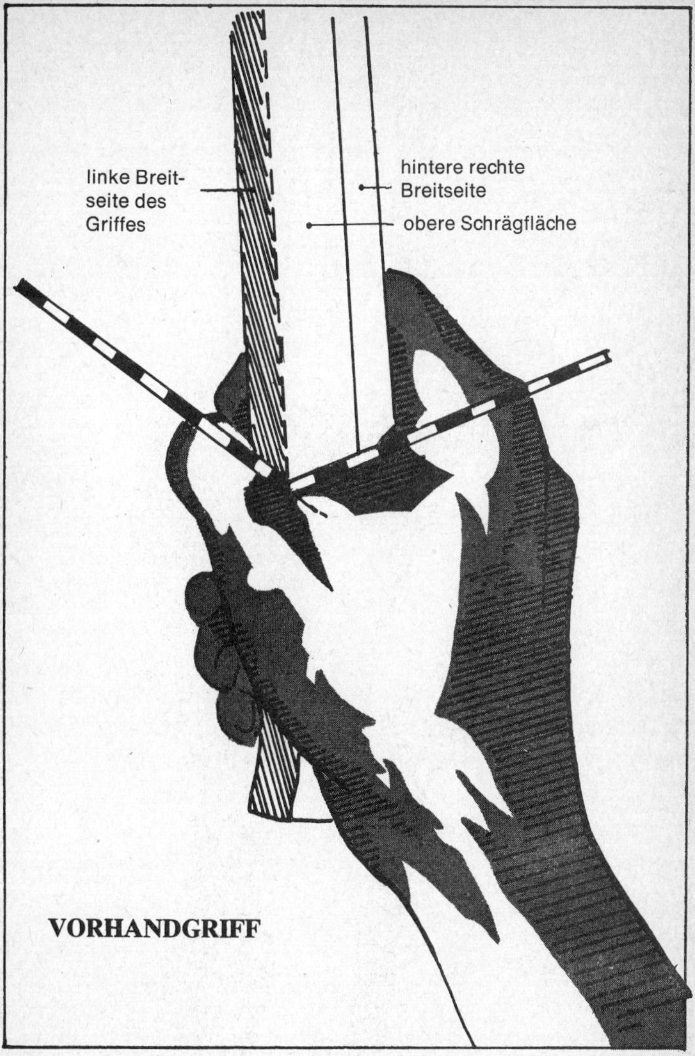

VORHANDGRIFF

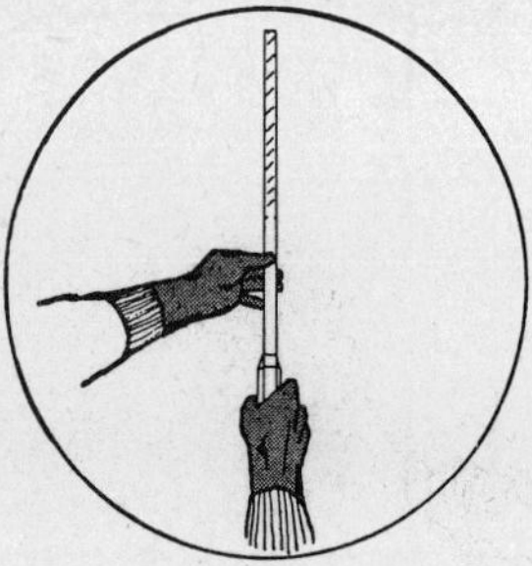

Rückhandgriff

GRIFFWECHSEL

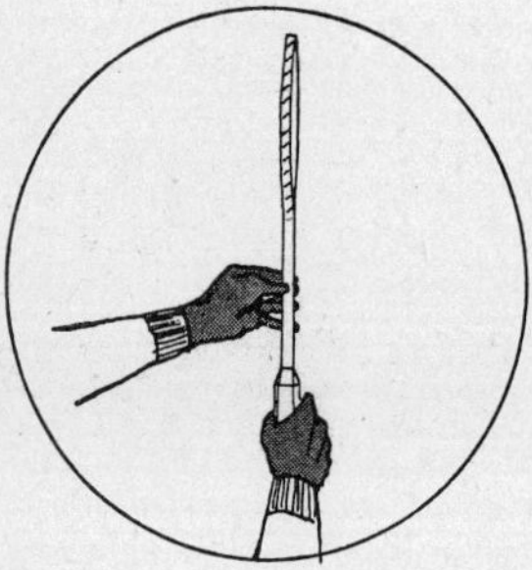

Vorhandgriff

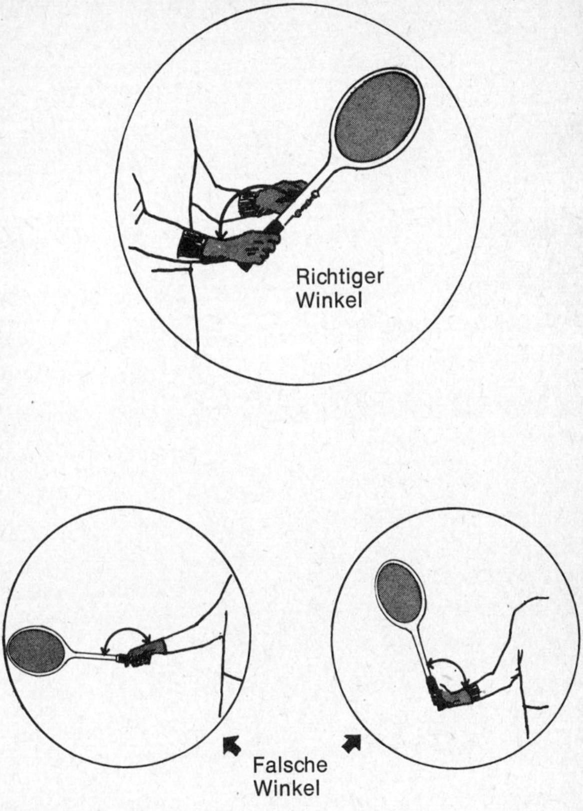
Richtiger
Winkel
Falsche
Winkel

Wo Sie stehen müssen

Es ist wichtig, innerhalb Ihrer Spielhälfte eine für Sie günstige Ausgangsposition (Zentralisierungspunkt) einzunehmen, um den ankommenden Ball Ihres Gegners zu erwarten. Zu empfehlen sind zwei Grundpositionen, die Ihnen die Möglichkeit geben, Ihre Spielseite so gut es geht zu beherrschen. Natürlich kann kein Spieler immer vorausahnen, in welcher Ecke der Ball landen wird.

Ausgangsposition »Grundlinie«

Stellen Sie sich etwa 50 cm hinter die Grundlinie Ihrer Spielseite an die Mitte des »T«. Halten Sie Ihren Schläger im Rückhandgriff. Sie haben durch die Unterstützung der linken Hand keinen überhöhten Kraftaufwand in Ihrem Schlagarm, wenn er in Ruhestellung gehalten wird. Ihre Körperhaltung soll locker und entspannt sein.

Beobachten Sie nun genau, wohin Ihr Gegner vermutlich den Ball setzen will. Als routinierter »Voyeur« erkennen Sie seine taktische Absicht schon beim Ansetzen zum Ausholschwung: der Augenblick, indem Sie blitzschnell reagieren und umsetzen müssen. Bereits vor dem Kontaktpunkt (Ballberührung) muß für Sie feststehen, wohin Sie den Ball setzen wollen. Soll der Ball von Ihnen taktisch richtig als Vorhandschlag returniert werden, so bringen Sie sich jetzt in eine optimale Schlagposition. Kommt der Ball auf Ihre Rückhandseite, so schätzen Sie durch die Geschwindigkeit der Ballfluglinie, wie tief der Ball etwa in Ihr Feld kommt. Das erleichtert Ihnen, am Ball zu sein.

Ausgangsposition »Netz«

Wenn Sie ein starker Netzspieler werden wollen, müssen Sie schon als Anfänger diesen schwierigen Schlag ohne Furcht auf sich nehmen.

Vermutlich werden Sie sehr unsicher sein und sich ängstlich fragen, ob Sie den Ball aus dem Flug wirklich treffen und nicht doch lieber an der Grundlinie stehenbleiben. Keine Angst, mit viel Glück bringen Sie auch als Anfänger den Ball auf Ihren Schlägerkopf. Wichtig ist, daß Sie mutig sind und alle Zweifel über Bord werfen.

Stehen Sie mit vorgetäuschter Selbstsicherheit wie ein Weltmeister am Netz. Schon mancher Anfänger hat durch diesen Bluff sein Talent als grandioser Volleystratege entdeckt.

Die Meinungen von Profis über den günstigsten Standort am Netz gehen weit auseinander. Ganz dicht am Netz, sagen die einen, andere wiederum behaupten, daß man etwa einen Meter entfernt den günstigsten Winkel zum Ball hat.

Wir sind der Meinung, Sie sollten sich als Anfänger ca. zwei Meter vom Netz postieren, denn hier haben Sie immer die Möglichkeit, einen kurzen Stop vorher aufprallen zu lassen. Natürlich wird Ihre Trefferquote anfänglich minimal sein. Lassen Sie sich jedoch nicht durch die vielen Fehlschläge entmutigen.

Je mehr Sie trainieren, desto eher können Sie sich als Netzspieler profilieren. Ein guter Netzspieler ist seinem Gegner, der nur an der Grundlinie kämpft, weit überlegen.

Und so sollten Sie vorgehen: Wenn Sie nach einem Aufschlag den Ball zurückgegeben haben, stürmen Sie, ohne den nächsten Rückschlag abzuwarten, ans Netz.

Halten Sie Ihren Schläger in der vorher beschriebenen Rückhandgriffhaltung. Beobachten Sie nun, auf welcher Seite Ihres Spielfeldes Sie vermutlich den Ball »abfangen« müssen.

Ihre Körperhaltung muß dabei so locker und entspannt wie möglich sein. Denn nur so sind Sie für den Blitzstart reaktionsfähig, der Sie eventuell wie aus heiterem Himmel treffen wird. Beugen Sie Ihre Knie leicht an, und setzen Sie die Füße parallel zum Netz.

Wenn Sie sich optimal konzentrieren, wenn Sie alles beherzigen, was Sie vorher gelernt haben, wenn Sie den ankommenden Ball scharf »anpeilen«, schließlich, wenn Sie ohne Scheu Ihr Racket dem Ball entgegenhalten und draufdrücken, wird das Glück mit Ihnen sein. Sie haben Ihren ersten Flugball gelandet!

Ein Überraschungstreffer ist Ihnen meisterlich gelungen. Ruhen Sie sich nun aber bitte nicht auf Ihren Lorbeeren aus. Denn erst durch gezieltes langes Üben dieser komplizierten Schlagtechnik werden Sie ein wahrer Flugballkünstler. Aber davon später mehr.

Beginnen wir zunächst mit dem Rückhandschlag.

WARTESTELLUNG AN DER GRUNDLINIE

Frontalansicht

Seitenansicht

WARTESTELLUNG AM NETZ

Frontalansicht

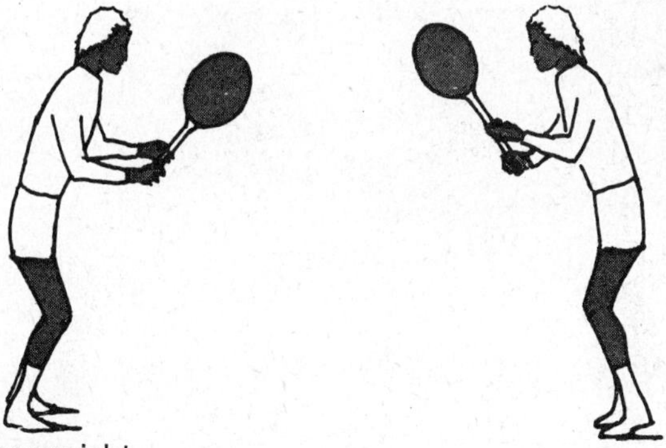

Seitenansicht

DIE RÜCKHAND

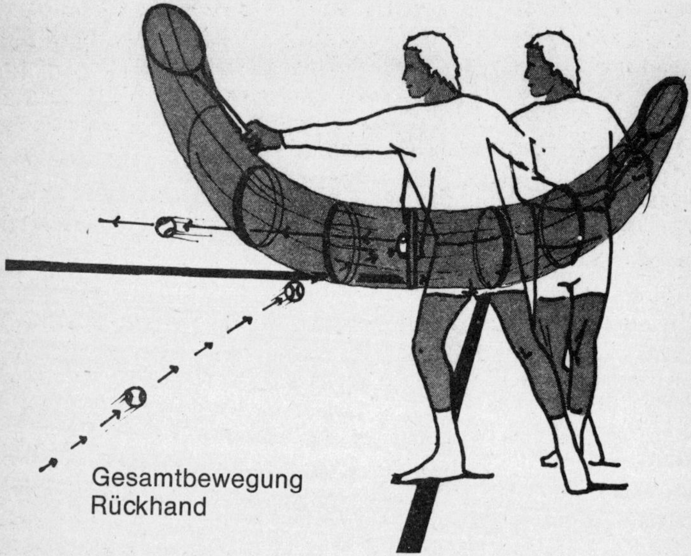

Gesamtbewegung
Rückhand

LEKTION 2

Die Rückhand

Sie wissen inzwischen, wie Sie Ihren Schläger richtig halten müssen. Selbstverständlich ist das die Grundvoraussetzung für alle Schlagarten, die wir Ihnen in unseren zehn Unterrichtsstunden zeigen möchten. Bevor Sie nun gleich wie ein Weltmeister mit der Rückhand loslegen, versuchen Sie, sich zunächst mit dieser kleinen weißen Kugel im Umgang etwas vertraut zu machen. Denn in einem Match kann sie recht tückisch mit Ihnen umgehen.

Nehmen Sie zunächst einen Tennisball, und lassen Sie ihn mindestens 100mal in Ihrer Hand auf den Boden prallen. Durch diese Fangbewegung trainieren Sie die Handmuskulatur und das Handgelenk. Sie erhalten ein Gefühl für die Sprunghöhe eines Tennisballes.

Nach dieser Übung stehen Sie nun vermutlich zum erstenmal auf einem Tennisplatz. Ihr Lernpartner spielt Ihnen einen Ball zu. Sie stellen zum erstenmal in der Praxis fest, wie schwierig es ist, dieses weiße Geschoß überhaupt zu treffen. Der Ball kommt, schwierig genug, auf Ihre linke Spielfeldhälfte. Schnell erinnern Sie sich. Sie sollen nun zu einem Rückhandschlag ansetzen.

Um Ihnen diesen ersten Schlag so einfach wie möglich zu erklären, gehen wir davon aus, daß er unmittelbar vor der hinteren Grundlinie aufprallt. Sie werden zu keiner komplizierten Lauftechnik gezwungen sein. Beobachten Sie den Ball mit äußerster Konzentration. Sie haben so die größte Chance, ihn sauber im Sweetpoint, im Schlägerherz, zu treffen.

Vorbereitung

Zeichnungen 1, 2, 3, 4

Sobald Sie erahnen, in welche Richtung Ihr Gegner den Ball plazieren will bzw. die Flugbahn des Balles zu erkennen ist, starten Sie zu Ihrer Ausholbewegung. Fast alle Anfänger machen den Fehler, zu spät mit der Ausholbewegung zu beginnen. Darauf aufmerk-

DIE RÜCKHAND

3
4
Ich verfolge mit dem Auge die gewünschte Flugbahn des Balles.
7
8

sam gemacht, bemühen Sie sich natürlich, dies zu verhindern. Doch selten wird daraus ein rechtzeitiges, meistens leider nur ein zu schnelles hektisches Zurückziehen des Schlägers. In Eile wird dann oft noch die Ausholbewegung verkürzt. Das Resultat der Bemühungen ist häufig recht unbefriedigend.

Gehen wir davon aus, daß Sie an das Umgreifen (Zeigefinger an den Mittelfinger heranziehen und Daumen schräg nach oben verlagern) beim Rückhandschlag gedacht haben.

Zu Beginn der Vorbereitungsphase für den Rückhandschlag drehen Sie das linke Bein, die Hüfte und die Schulter so lange, bis Ihre rechte Schulterseite zum Netz zeigt. Ihr Körpergewicht muß in Vorlage auf das rechte Standbein gehen. Achten Sie darauf, daß die linke Hand immer noch den Schlägerschaft festhält.

Schlagausführung

Zeichnungen 5, 6, 7, 8

Im Augenblick des Ballaufpralls beginnen Sie mit dem Ausholschwung. Die linke Hand öffnet sich und löst sich vom Schlägerschaft. Die rechte Hand und der Unterarm werden jetzt mit Kraft und Schwung nach hinten oben bis auf Schulterhöhe durchgezogen. Die linke Hand begleitet führend diese Bewegung.

Der Wendepunkt der Ausholschleife liegt in Höhe der linken Schulter. Es folgt nun eine starke Beschleunigung des Schlägerkopfes in Ball- und Schlagrichtung. Der optimale Treffpunkt des Balles liegt vor der rechten Hüfte. Im Augenblick des Aufpralls (Kontaktpunkt) auf den Schläger müssen Sie Ihr Racket ganz festhalten. Der Arm ist im Ellenbogen gestreckt und fest durchgedrückt. Der Druck, den der Schlägerkopf auf den Ball ausübt, verursacht eine starke Vibration, die von dem Handgelenk aufgefangen werden muß. Halten Sie den Schläger nicht richtig fest, so überträgt sich die Vibration auf den Unterarm. Das kann zu den unangenehmen Folgen des gefürchteten Tennisarmes führen.

Mit Schwung führen Sie nun den Schlag aus. Verfolgen Sie mit dem Auge den Abschlag des Balles, denn nur so gehen Sie sicher, daß der Ball auch wirklich in die gewünschte Ecke des gegnerischen Spielfeldes plaziert wird.

Während der Schlagphase halten Sie Ihre linke Hand hinter Ihrer linken Körperseite. Das Körpergewicht verlagert sich nach dem

RÜCKHAND MIT STANDVERÄNDERUNG

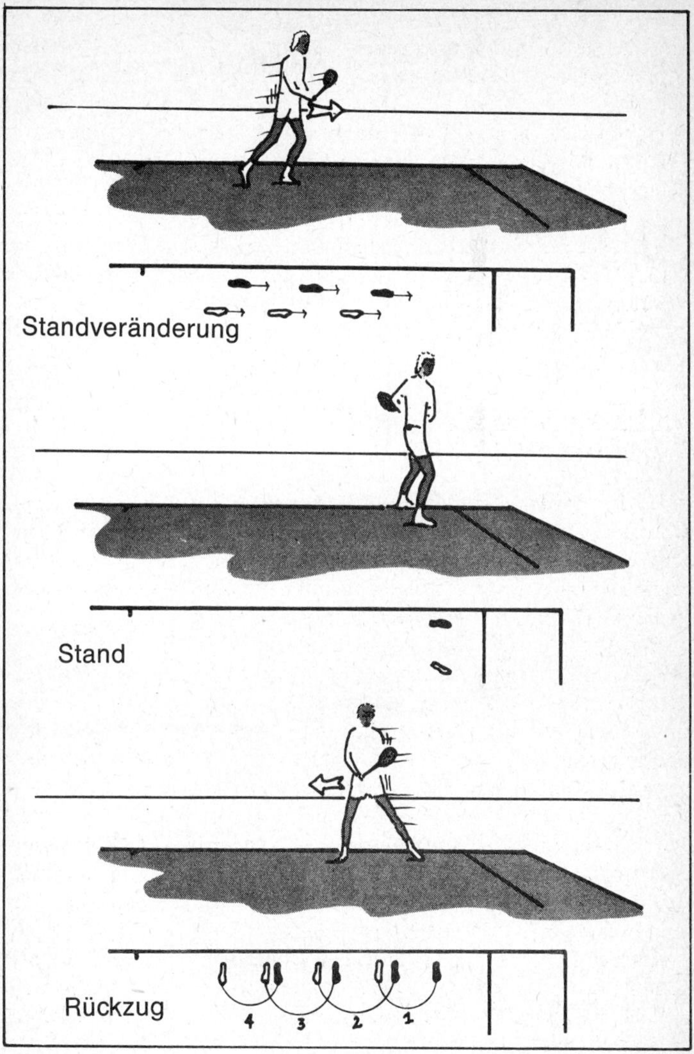

Wendepunkt der Ausholschleife auf das rechte vordere Standbein. Lassen Sie den Schläger rhythmisch ausschwingen.

Bei der Ausführung der Schlagbewegung ist es wichtig, einen rhythmischen Ablauf zu vollziehen. Wir haben versucht, den Bewegungsablauf in acht Phasen zeichnerisch umzusetzen. Eine weit nach hinten geführte Ausholbewegung ohne Verkrampfung der Armmuskulatur, richtige Seitenstellung und Gewichtsverlagerung führen zu besserer Treffsicherheit und zu einer erhöhten Ballbeschleunigung während des Kontaktpunktes.

Rückhand mit Standveränderung

Der Ball wird nicht immer direkt in Ihre Schlägernähe kommen. Gerade bei Anfängern wird ein Return sehr viel häufiger unkontrolliert in alle Himmelsrichtungen fliegen. Mit Glück jedoch auch »virtuos« im linken oder rechten Spielfeld des Gegners landen. Eine Tatsache, die bei größerer Spielerfahrung als gekonntes Plazieren ausgelegt wird. Um die nötigen Laufschritte zum Erreichen des Balles zu erlernen, betrachten Sie noch einmal genau Abbildung 4 der Zeichnungen. Die Abbildung zeigt deutlich die Ausgangsposition der Schlagphase.

Die Schrittfolgen, die nun zum Kontaktpunkt des Balles nötig sind, entnehmen Sie der Abbildung (Rückhand mit Standveränderung). Die Seitwärtsschritte zum Erlangen des Balles sind in der ersten Phase schnell und groß. Sie verlangsamen sich, je näher Sie an den Treffpunkt des Balles kommen. Während Ihrer Laufbewegung beginnen Sie mit dem Ausholschwung. Während des Kontaktpunktes muß Ihr Körper in maximaler Ruhestellung gehalten werden. Nach beendeter Schlagausführung ist es wichtig, daß Sie sich so schnell wie möglich in die Ausgangsposition, möglichst an der Grundlinie, bringen.

Rückzug in Ausgangsposition

Bedenken Sie, daß Ihr Körpergewicht nach beendeter Schlagausführung wieder auf das linke Bein verlagert werden muß. Das rechte Bein geht zurück in seine Ausgangsstellung und bildet mit der Schulter eine Parallele zum Netz. Je nach Spielverlauf wird mit schnellem Schritt (Zentralisierungsposition) die Ausgangsstellung an der Grundlinie, am Netz oder im Halfcourt eingenommen. Die linke Hand hält den Schlägerschaft. Der linke Fuß wird neben den rechten Fuß gesetzt.

Verbesserung der Schlagausführung

Zahlreiche, gleichzeitig auszuführende, rhythmisch synchron verlaufende Bewegungsphasen gehören zu einer sauberen Schlagausführung:

- Beherrschung des rhythmischen Bewegungsablaufes
- Rechtzeitiges Erkennen der Ballfluglinie
- Rechtzeitiges Erkennen von Ballgeschwindigkeit, Ballaufprall und Sprunghöhe nach Ballaufprall
- Rechtzeitiges Erkennen, in welcher Höhe der Ball genommen werden muß, um einen optimalen Kontaktpunkt zu erzielen.

Einige vorbereitende Übungen empfehlen wir zur Verbesserung einer optimalen Schlagausführung. Die Übungen sollen Ihnen die verschiedenen Phasen des Bewegungsablaufes deutlicher machen.

1. Bewegungsablauf ohne Ball

Stellen Sie sich in die Ausgangsposition an die Grundlinie. Nehmen Sie die Rückhandstellung ein. Überprüfen Sie die korrekte Haltung.

Erste Übung: Konzentrieren Sie sich, gedanklich jede Bewegungsphase im chronologischen Ablauf nachzuvollziehen. Stellen Sie sich vor, ein imaginärer Ball kommt auf Sie zu. Stufe für Stufe bewegen Sie sich auf den Ball zu. Nehmen Sie das Buch zu Hilfe. Betrachten Sie noch einmal die Zeichnungen und überprüfen Sie Ihre Positionen, Sequenz für Sequenz.

Nachdem Sie die Übungen mehrmals wiederholt haben, sollten Sie einen Spiegel zu Hilfe nehmen. Vergleichen Sie im Spiegel Ihren Bewegungsablauf und vergleichen Sie ihn mit den Abbildungen in unserem Buch.

Wenn Sie meinen, daß Sie jede einzelne Phase nachvollziehen können, versuchen Sie, den ganzen Bewegungsablauf in seiner richtigen Folge durchzuführen.

Beobachten Sie die Schlägerhaltung. Anschließend Ihre Fußstellung. Wenn Sie in irgendeiner Bewegungsphase Zweifel haben, verharren Sie – reflektieren Sie neu – und wiederholen Sie die Übung.

Zugegeben, die Arbeit grenzt an Pedanterie. Aber sie lohnt sich. Sie sollten die Übungen so lange ausführen, bis Sie das Gefühl haben, es sitzt. Nun beginnen Sie, Tempo in den Bewegungsablauf zu bringen. Ähnlich einem Auto, das Sie in verschiedenen Gängen einfahren, sollten Sie nach dem »Warmlaufen« die Geschwindigkeit verändern, d. h., langsam in der Vorbereitungsphase, mehr Tempo im Ausholschwung und mit beschleunigter Kraft in der Schlagphase.

2. Schlagausführung mit einem festangebrachten Ball

Ein festangebrachter Ball ist ein sehr nützliches Hilfsmittel, das Sie sich sehr leicht selbst anfertigen können. Dazu brauchen Sie:

- einen alten Ball, den Sie in der Mitte von zwei Seiten durchstechen;
- ein drei Meter langes Gummiband (Durchmesser 0,5 cm).

Ziehen Sie mit Hilfe eines Drahtes das Gummiband durch die Löcher im Ball.

Das Gummiband wird nun an der Decke und am Boden eines Ihnen zur Verfügung stehenden Raumes befestigt.

Achten Sie darauf, daß es genau vertikal verläuft.

Bringen Sie den Ball an der Gummischnur in eine Höhe, die Ihrer Körpergröße entspricht.

Stellen Sie sich in Ihre Ausgangsposition, etwa einen Schritt hinter dem befestigten Ball, und zwar rechts unter Berücksichtigung der Weite der Schlagausführung.

Bereiten Sie sich zum Schlag vor, wie bereits beschrieben. Verharren Sie zunächst in Stellung 4.

Ihr rechter Fuß muß auf einer Linie mit dem befestigten Ball sein. Korrigieren Sie nötigenfalls die Entfernung zwischen Ball und Ausholschwung, damit Sie genügend Spielraum haben.

Wenn Sie diese Korrektur vorgenommen haben, kreisen Sie mit Kreide jeweils die Stellung Ihrer Füße ein.

Nach diesen Vorbereitungen kann die Übung beginnen.

Gehen Sie in Ihre Ausgangsstellung zurück. Ihr linker Fuß befindet sich in der Markierung, die Sie mit Kreide gezeichnet haben.

Jetzt führen Sie die Vorbereitungsbewegung aus und verharren in Position 4. Ihr rechter Fuß muß sich nun auch auf der Kreidemarkierung befinden.

Machen Sie Fortschritte?

Die Übung soll dazu dienen, die Schlagausführung technisch schneller zu erlernen. Der Bewegungsablauf wird beschleunigter, sicherer und rhythmisch harmonischer verlaufen. Denken Sie an die Verlagerung des Gewichtes vom linken auf das rechte Bein. Denken Sie auch daran, den befestigten Ball genau im Sweetpoint Ihres Schlägers zu treffen. Kontrollieren Sie die Richtung, in die Ihr Schlägerkopf nach beendeter Schlagausführung zeigt. Sie ist besonders entscheidend, denn wenn der Schlägerkopf sich in senkrechter Haltung befindet, können Sie davon ausgehen, daß sich Ihr Racket im Augenblick des Kontaktpunktes ebenfalls in dieser Lage befand.

Wiederholen Sie diese Übung so lange, bis Sie die Schlagbewegung gut beherrschen.

In der nächsten Übung – immer noch am befestigten Ball – soll der gesamte Ablauf der Rückhand in Standposition wiederholt werden.

Verfahren Sie in der Reihenfolge wie beschrieben. Sitzt auch bei der Rückhand der Bewegungsablauf einwandfrei, so können Sie Ihre Übungen auf dem Tennisplatz wieder aufnehmen. Denken Sie aber daran, die Technik am befestigten Ball hin und wieder zu praktizieren.

3. Rückhand mit einem in Schlagrichtung zugeworfenen Ball

Ihr Übungspartner hält jetzt den Ball in seiner rechten Hand. Die Handfläche ist nach oben gerichtet. Er steht im gegnerischen Spielfeld, etwa an der Aufschlaglinie, und wirft Ihnen die Bälle auf Ihre Rückhandseite zu. Markieren Sie jedoch vor dieser Übung den Punkt, wo der Ball den Boden berühren soll. Zeichnen Sie mit Kreide einen gut sichtbaren Kreis. Ein guter Wurf Ihres Übungspartners verbessert die Wirksamkeit dieser Lektion.

Sie selbst erwarten den geworfenen Ball Ihres Partners etwa 50 cm von der Grundlinie entfernt. Verharren Sie in Stellung 4 unserer Abbildung.

RÜCKHAND MIT EINEM IN SCHLAGRICHTUNG ZUGEWORFENEN BALL

Machen Sie sich mit dieser neuen Übung gut vertraut. Denn jetzt gilt es, den ankommenden Ball zu treffen. Nicht leicht. Denn Sie werden feststellen, daß Ihre Konzentration nun nicht mehr auf Ihren Bewegungsablauf voll konzentriert ist, sondern vielmehr auf den Ball, der Ihnen Schwierigkeiten genug macht.

Zweifellos werden Sie am Anfang häufig danebenschlagen. Werden Sie nicht ungeduldig, denn dann gelingt so gut wie kein Schlag. Sie werden sehen, irgendwann kommt bei kontinuierlichem Training der Augenblick, wo Sie den richtigen Schwung raushaben.

Wenn Sie von ungefähr 10 geschlagenen Bällen acht gut und sicher im Sweetpoint treffen, können Sie diese Übung als abgeschlossen betrachten.

Die folgende Übung unterscheidet sich nicht sehr von der vorangegangenen. Sie soll lediglich den Bewegungsablauf vertiefen und Ihnen den Rhythmus Ihrer Handlungen verdeutlichen. Hierzu konzentrieren Sie sich bei jedem Schlag darauf, den Ball möglichst in die Mitte des gegnerischen Spielfeldes zu plazieren. Sie werden sehr schnell merken, daß Ihnen in der Zwischenzeit der Bewegungsablauf so vertraut geworden ist, daß bei guter Konzentration auf den Ball der Rhythmus wie von selbst in den Schlag kommt.

Wenn von zehn Bällen acht gut kommen, können Sie sehr zufrieden mit sich sein.

Schlagausführung eines Balles außerhalb Ihrer Reichweite

Ihr Übungspartner bemüht sich nun, den Ball aus gleicher Entfernung und mit gleichem Druck zwei bis drei Meter außerhalb Ihrer Reichweite auf die Rückhandseite zu werfen.

Damit Sie den Ball auch richtig treffen, sollten Sie noch einmal die Abbildung der Seitwärtsschritte studieren. Haben Sie den Ball getroffen? Gratulation! Nun sollten Sie so schnell wie möglich Ihre Ausgangsposition wieder einnehmen. Wenn Sie auch diese Übung mehrmals wiederholt haben, dürfen Sie stolz auf sich sein und sagen, daß Sie nun das rhythmische Zusammenspiel von Schlag, veränderter Körperhaltung, Stellung zum Ball, also den gesamten Bewegungsablauf eines Rückhandschlages erfaßt haben.

Freilich liegt es nun an Ihnen, wie häufig Sie sich den Ablauf und die Perfektion durch Training einprägen. Selbst Profis trainieren bis zu drei Stunden pro Tag . . .

SCHLAGAUSFÜHRUNG EINES BALLES
AUSSERHALB IHRER REICHWEITE

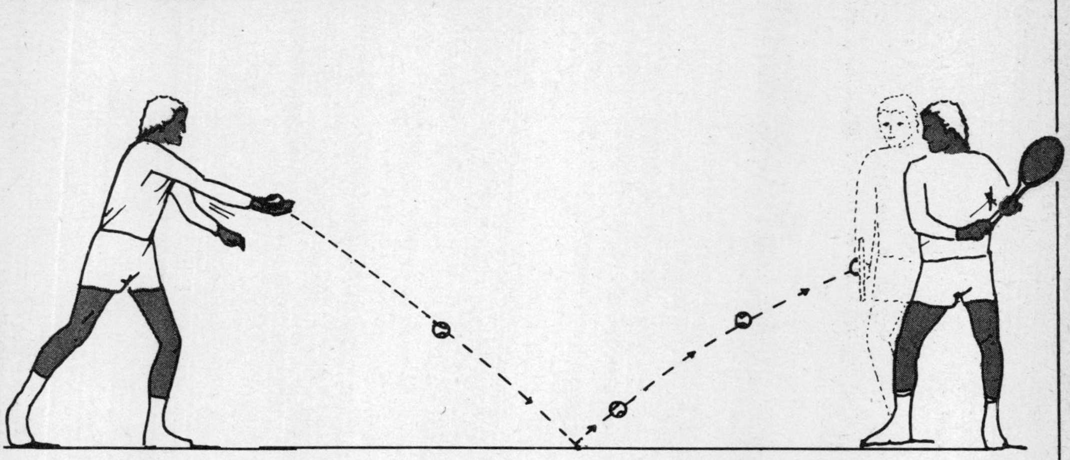

Noch ein Tip: Sollten Sie eine Garagen- oder Hauswand ausfindig machen, die Sie in einen Übungsplatz verwandeln können, dann haben Sie keine Hemmungen, diese Gelegenheit zu nutzen. Bedenken Sie, daß sie hier niemals auf einen Spielpartner angewiesen sind, der sich mit Ihnen abmühen muß. Wie bereits eingangs erwähnt, können Sie sich Tennis als Autodidakt mit Disziplin auch selbst beibringen. Vergessen Sie nie, daß eine Wand der bequemste Übungspartner ist, denn sie bringt den Ball immer zurück.

DER RÜCKHANDVOLLEY

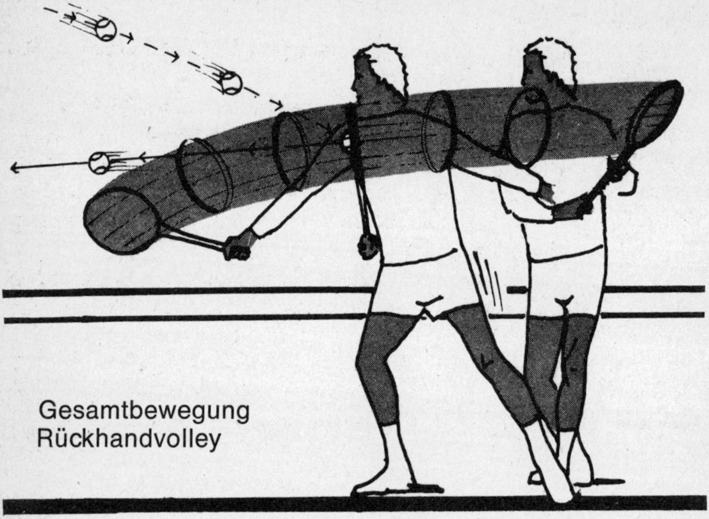

Gesamtbewegung
Rückhandvolley

LEKTION 3

Der Rückhandvolley

Ihre Ausgangsposition für den Rückhandvolley soll zwei Meter hinter dem Netz sein. Der Ball kommt im Flug auf die linke Seite Ihres Spielfeldes. Für Sie darf es nun keinen Zweifel mehr geben. Sie wollen den Ball aus der Luft nehmen und nicht warten, bis er den Boden berührt hat.

Nehmen Sie die gleiche Ausgangsstellung wie in Lektion 1 beschrieben ein.

Betrachten Sie zunächst die Zeichnung des gesamten Bewegungsablaufes. Sie zeigt Ihnen, wie Sie den Schläger während der Schlagausführung halten müssen. In der Folge wollen wir die einzelnen Phasen des Bewegungsablaufes zergliedern, damit Sie sich darüber klarwerden können, wie Sie diesen komplizierten Schlag am besten in den Griff bekommen.

Zum besseren Verständnis haben wir bei unseren Erklärungen wieder den Schlag aus dem Stand gewählt, der natürlich sehr viel einfacher ist als ein Flugball, den Sie gerade eben noch im Lauf über das Netz »löffeln« können.

Wie immer, ist auch hier das genaue Beobachten des Balles Grundvoraussetzung zum Gelingen eines guten Volleys.

Vorbereitung

Zeichnungen 1, 2, 3

Nehmen wir an, der Ball kommt auf Ihrer linken Seite über das Netz. Wenn Sie mit unserer zweiten Unterrichtsstunde vertraut sind, Sie häufig genug geübt haben, werden Sie automatisch in die Rückhandposition gehen. Sie werden also ihre rechte Schulter und Ihr rechtes Bein in einer schnellen Drehung aus der Frontalstellung in die Seitwärtsstellung bringen.

Ihre Körperhaltung bleibt ruhig. Lediglich die Schulter macht eine schnelle Drehung, Beine und Füße werden in eine seitliche Position gebracht.

DER RÜCKHANDVOLLEY

4

5

Die Stellung zum Ball unterscheidet sich nur minimal von der Ausgangsposition der Rückhandstellung aus dem Stand. Sie müssen bei einem Rückhandflugball versuchen, den Gewichtsausgleich und den Druck in den Schlag mit dem Oberkörper zu erzielen. Sie sollen den Ball möglichst vor der rechten Hüfte treffen, etwa 20 cm vom Körper entfernt.

Durch die verkürzte Flugbahn verringert sich der Einsatz der Körperkraft und des Ausholschwunges. Statt dessen wird die Eigengeschwindigkeit des Balles ausgenutzt.

In vielen Fällen genügt schon ein leichter Gegendruck des Schlägerkopfes, um den Ball hart und plaziert ins gegnerische Feld zu setzen. Freilich ist es wichtig, den Schlägerkopf rechtzeitig in entsprechender Höhe zu halten, um im Augenblick des Kontaktpunktes in blitzschneller Reaktion den Gegendruck ausüben zu können. Durch die Höhe der Flugbahn wird der Ball am Netz in den meisten Fällen etwa in Kopfhöhe getroffen.

Schlagausführung

Zeichnungen 4, 5

Bevor der Ball den Sweetpoint des Schlägers erreicht, lösen Sie die linke Hand von Ihrem Schlägerhals. Die rechte Hand führt den Schläger in die gewünschte Ballhöhe. Das Körpergewicht ruht auf dem rechten Standbein und der rechten Schulter. Damit Sie dem Ball mehr Druck geben können, ist es häufig ratsam, durch blitzschnelle Gewichtsverlagerung vom linken zum rechten Standbein eine Spontankraft zu verursachen. Sie »werfen« sich mit aller Kraft in den Schlag hinein. Dadurch erreichen Sie eine optimale Härte in Ihrer Schlagausführung.

Je sicherer Sie sich fühlen, desto mehr Druck werden Sie Ihrem Schlag geben. Ein guter Volleyballspieler schafft es, ohne Ausholschwung, durch eine blitzschnelle Gewichtsverlagerung, so als lege er sich in den Schlag hinein, dem Ball einen tödlichen Drive zu geben.

Während der Schlagausführung soll Ihre linke Hand den Bewegungsablauf der rechten Hand nachvollziehen.

Durch die »zwingende Situation«, so schnell wie möglich am Ball zu sein, kann der Bewegungsablauf nicht immer vollkommen sein. Er wird häufig abgebrochen. Deshalb ist überhöhtes Reagieren besonders wichtig. Je schneller Sie sich in die Schlagposition bringen können, desto weniger laufen Sie Gefahr, in einer unglücklichen Standposition, etwa frontal, an den Ball heranzugehen.

Allerdings können Sie davon ausgehen, daß der Bewegungsablauf in den seltensten Fällen wirklich rhythmisch verläuft. Durch das schnelle Reagieren muß ein abrupter Körperschwung ausgeführt werden, der im Idealfall nur synchron mit Bein- und Fußstellung verläuft.

Entscheidend für den optimalen Schlag sind Reaktion und intensives Beobachten des Balles.

Rückhandvolley mit Standveränderung

Sie werden unschwer erraten, daß sich Ihr Gegner in einer Spielsituation nicht gerade bemühen wird, Ihnen den Ball direkt auf Ihr Racket zuzuspielen. Vielmehr wird er aus taktischen Gründen versuchen, den Ball als Longline oder Crossball an ihnen vorbei zu plazieren. Eine Tatsache, die Sie zu noch schnellerer Reaktion zwingt, denn zusätzlich sind nun auch Seitwärtsschritte zum Erreichen des Balles erforderlich. In dem Augenblick, wo Sie Ihr Racket in Schlagposition bringen, müssen Sie auch Ihre Seitwärtsschritte starten. In den meisten Fällen reicht die Zeit, um eine optimale Standposition zu erzielen, nicht mehr aus. Grundsätzlich sollten Sie sich daran halten: Warten Sie nicht, bis der Ball auf Sie zukommt. Laufen Sie ihm entgegen, schräg zum Netz oder im rechten Winkel zur Flugbahn des Balles.

Sobald Sie den Ball weggesetzt haben, müssen Sie mit kleinen Rückwärtsschritten, wie wir sie gezeigt haben, an die Mittellinie des Netzes zurückstürmen. Denn in ungeahnter Schnelligkeit kommt schon der nächste Return Ihres Gegners, vermutlich auf Ihre Vorhandseite.

Verbesserung des Rückhandvolleys

Auch beim Trainieren des Rückhandvolleys wird Ihnen unser imaginärer Ball eine große Hilfe sein. Führen Sie also den Bewegungsablauf so häufig Sie Zeit dafür finden ohne einen Übungspartner aus. Achten Sie genau auf den chronologischen Ablauf Ihrer Bewegung. Wichtig für das Gelingen eines perfekten Rückhandvolleys ist die verkürzte Ausholbewegung.

Stellen Sie sich wieder vor einen Spiegel und beobachten Sie Ihre Bewegung und Standposition. Haben Sie auch nur den geringsten Zweifel, daß sich hierbei ein Fehler eingeschlichen hat, so blättern Sie in diesem Buch zurück und vergleichen noch einmal das Gelesene mit den Abbildungen.

Wiederholen Sie diese Übung, bis Sie glauben, daß sie perfekt sitzt.

Bewegungsablauf mit dem Ball außerhalb Ihrer Reichweite

Ihr Übungspartner steht nun ungefähr drei Meter vom Netz entfernt auf der gegnerischen Spielfeldseite. Er soll sich bemühen, Ihnen den Ball etwa in Schulterhöhe einen Meter von Ihrer Standposition entfernt auf die linke Rückhandseite zuzuwerfen. Führen Sie nun wieder Ihre vorbereitende Lockerungsübung durch, bevor Sie in höchster Konzentration den Ball erwarten. Bringen Sie sich in Position (vgl. Lektion 2). Der Ball wird Ihnen zugeworfen, und Sie bemühen sich, sich nur auf den Schlag zu konzentrieren. Lassen Sie sich den Ball so lange zuwerfen, bis Sie von zehn Bällen acht ins gegnerische Feld plazieren.

Denken Sie an das Hineinlegen in den Schlag. Klappt es? Sicherlich noch nicht so recht. Wiederholen Sie den Bewegungsrhythmus, und bemühen Sie sich, ihn möglichst synchron verlaufen zu lassen.

Wenn Sie es geschafft haben, acht Bälle über das Netz und ins gegnerische Feld zu zaubern, dürfen Sie sehr zufrieden mit sich sein.

Ihr Übungspartner soll im Anschluß daran versuchen, Ihnen den Ball etwa zwei bis drei Meter außerhalb Ihrer Reichweite auf Ihre linke Seite zuzuwerfen.

Sie müssen sich jetzt bemühen, Seitwärtsschritte, Gewichtsverlagerung und Ausholbewegung so zu koordinieren, daß Sie den Ball aus dem Lauf treffen. Ein schwieriges Unternehmen, und häufig wird aus vielen kleinen Seitwärtsschritten nur ein einziger großer Satz, der leider recht häufig das Ziel verfehlt. Auch hier wäre es sehr ratsam, den Schlag zunächst einmal an einer Hauswand etc. auszuprobieren.

Verzweifeln Sie nicht, wenn es eventuell bei den ersten Anläufen gar nicht gelingen will. Sie müssen sich damit trösten, daß der Rückhandvolley im Lauf einer der schwierigsten Schlagtechniken im Tennissport überhaupt ist.

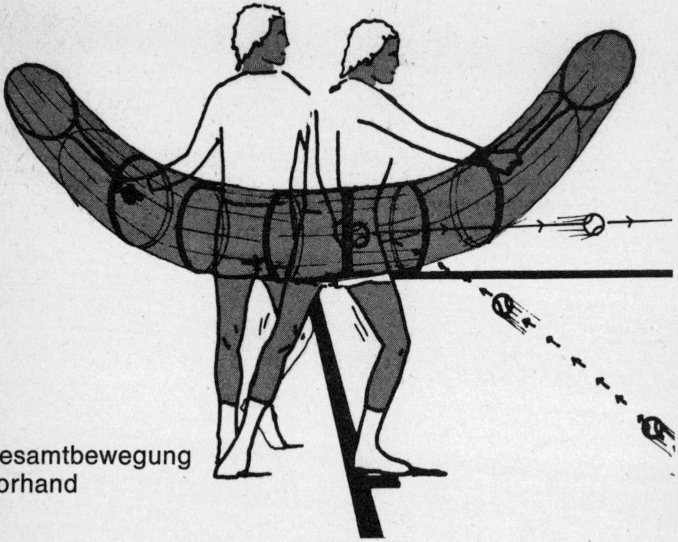

Gesamtbewegung
Vorhand

LEKTION 4

Die Vorhand

Wir wollen uns nun jenen Schlägen zuwenden, die auf Ihre rechte Vorhandseite gespielt werden, die Sie nach dem Aufsprung also mit einem Vorhandschlag returnieren müssen. Erinnern Sie sich zunächst an Ihre Ausgangsposition von der Grundlinie. Diese Wartestellung muß nun möglichst wieder nach jedem Schlag eingenommen werden. Sie wissen ja: bei einem optimalen Zentralisierungspunkt haben Sie die größte Chance, die gegnerischen Bälle, egal in welche Ecke des Spielfeldes sie plaziert werden, am besten zu erreichen.

Die Abbildung soll Ihnen zunächst wieder einen Gesamteindruck des Bewegungsablaufes vermitteln. Auf den folgenden Seiten werden wir uns dann wieder mit der Technik und den einzelnen Schlagphasen befassen.

Wir beginnen wieder mit der einfachsten Schlagform: die Schlagposition aus dem Stand. Bitte, wundern Sie sich nun endgültig nicht mehr, warum wir uns so häufig wiederholen. Sie müssen uns glauben, daß dies die einzige Methode ist, sich die Technik einzuhämmern. Sie werden sehen, Sie erreichen Ihr Ziel wesentlich schneller. Bedenken Sie, daß auch ein Tennistrainer nur erfolgreich sein kann, wenn er sich während der Übungsstunden Tausende von Malen wiederholt.

Beginnen wir also von vorn: Beobachten Sie den Ball, bis er auf Ihrem Schläger landet, dieses Mal jedoch auf Ihrer Vorhandseite.

Vorbereitung

Zeichnungen 1, 2, 3, 4

Sobald Sie die Schlagabsicht Ihres Gegners erkennen können, lösen Sie sich aus Ihrer Warteposition (Zentralisierungspunkt). Ihre Ausholbewegung beginnt mit leichtem Anwinkeln des Ellenbogens nach hinten. Wenn Sie den Ausholschwung korrekt durchführen, müßten Sie bei einer Betrachtung im Spiegel feststellen können, daß Ihr Unterarm parallel zum Boden angehoben wird.

DIE VORHAND

Ich bringe mich in die Vorhand-stellung.
Ich beobachte genau den Ball.

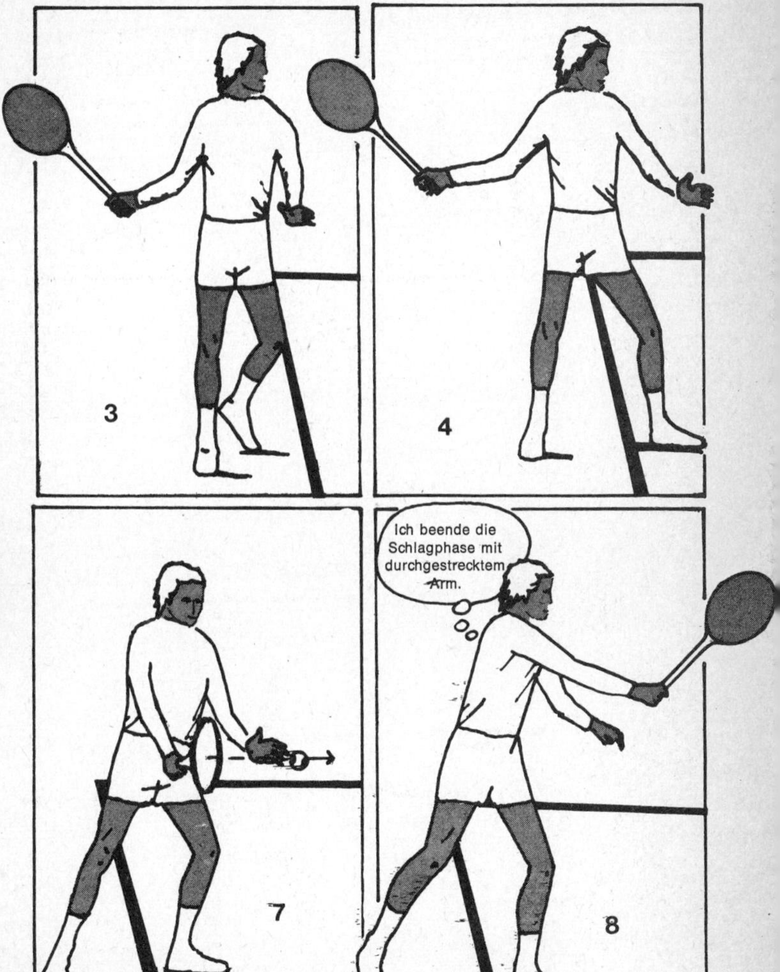
3
4
7
Ich beende die Schlagphase mit durchgestrecktem Arm.
8

Jetzt dreht sich Ihr Oberkörper mit einer Gewichtsverlagerung auf den linken Fuß nach rechts. Ihr Racket macht eine schleifenähnliche Bewegung, die weit hinter Ihre Hüfte führt. Die rechte Schulter liegt etwas tiefer als die linke. Erst während der Ausholphase verlagern Sie Körpergewicht und linkes Bein nach vorn. Der Höchstpunkt der Schleife ist gleichzeitig der Wendepunkt der Ausholbewegung. Denn nun soll Ihr Schlag in die Schlagphase eingeführt werden.

Der Arm wird in der Schlagphase vom Ellenbogen bis zum Handgelenk fest durchgedrückt und gestreckt. Er wird mit zunehmender Beschleunigung von unten nach schräg oben vorwärts aufwärts dem ankommenden Ball entgegengeschwungen.

Während der Schlagbewegung müssen Sie darauf achten, daß die Ellenbogenspitze nach unten zeigt. Arm- und Griffhaltung soll fest, jedoch nicht verkrampft sein.

Die Schulterphase verläuft bis zum Augenblick des Kontaktpunktes parallel zur Schlagrichtung.

Schlagausführung

Zeichnungen 5, 6, 7, 8

Versuchen Sie nun, im Augenblick des Kontaktpunktes das Körpergewicht voll in die linke Hüfte hineinzulegen. Ihr Oberkörper bleibt in seitlicher Stellung zum Netz. Während der Schlagausführung ist der Schlagarm fest durchgedrückt, und die Hand umfaßt den Griff. Nach Schlagausführung folgt der Oberkörper der Ballfluglinie. Auch hier legen Sie sich nochmals in den Ausschwung hinein, ehe Sie Ihren Körper wieder in die Frontalstellung bringen. Je stärker die Kraft Ihres Schlagschwunges war, je höher wird auch das Racket ausschwingen. In den meisten Fällen liegt das Ende des Ausschwunges in Höhe Ihrer linken Schulter.

Der beschriebene Bewegungsablauf setzt sich aus verschiedenen Phasen zusammen, die Sie zunächst wieder einzeln Phase für Phase ausprobieren sollten.

Es ist wichtig, daß Sie rechtzeitig erkennen, wie für Sie der Ausholschwung optimal durchzuführen ist. Denn das ist bei jedem Spieler individuell verschieden. Ein richtiges »Timing« gewährleistet optimale Treffsicherheit und optimalen Drive. Da Sie jedoch erst den richtigen Blick für das Tempo des ankommenden Balles erlernen und beobachten müssen, hilft nur ständiges Training.

VORHAND MIT STANDVERÄNDERUNG

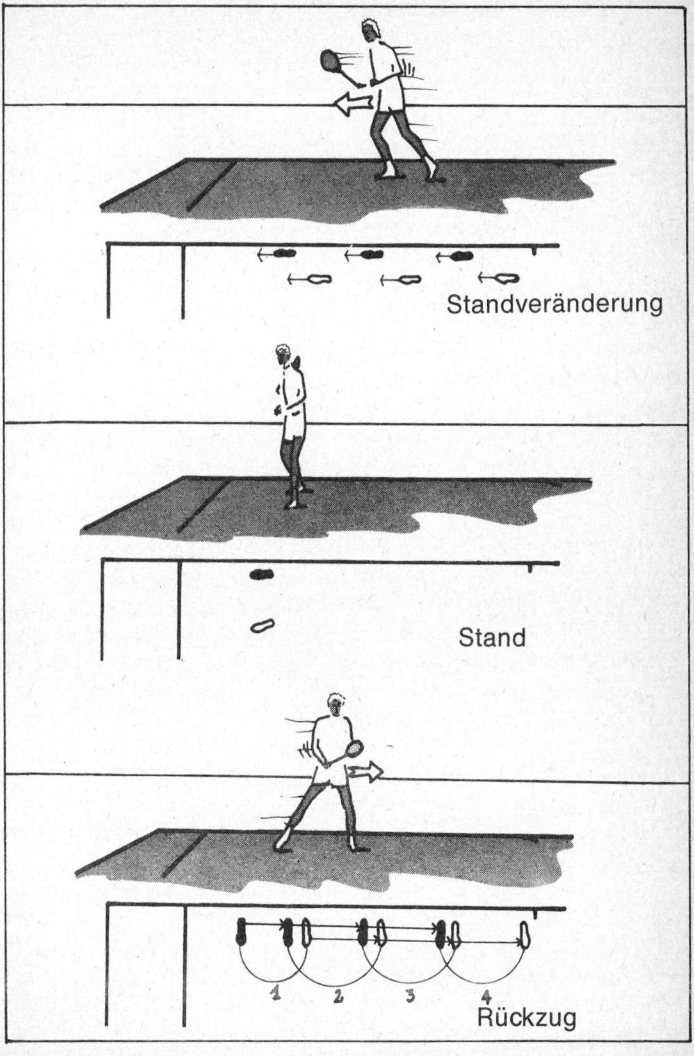

Sie wissen, Ihr Schlag kann nur dann genau berechnet und optimal ausgeführt werden, wenn Sie den Ball im Sweetpoint des Rackets treffen. Lassen Sie sich sehr viel Zeit und Ruhe für den Ausholschwung. Bringen Sie Ihr Racket ohne Hektik an den Ball heran, und ziehen Sie im Augenblick des Kontaktpunktes ruhig durch.

Vorhand mit Standveränderung

Im Spielverlauf wird Ihr Gegner sich bemühen, seinen Punkt möglichst durch gezieltes Plazieren zu machen. Die richtige Lauftechnik ist für jeden Tennisspieler unerläßlich. Die Standveränderung muß synchron mit dem Ausholschwung verlaufen. Es genügt nicht, wenn Sie mit schnellen großen Schritten versuchen, sich in Ballnähe zu bringen. Der Laufrhythmus: Schnelle große Schritte am Anfang. Je näher Sie an den Ball herankommen, harmonisch verlangsamen. Im Augenblick der Schlagphase sollten Sie im Idealfall absolut ruhig stehen.

Nach Schlagausführung nehmen Sie wieder Ihre Standposition an der Grundlinie ein. Hierzu führen Sie die Rückwärtsschritte aus.

Mit zunehmender Erfahrung und Spielfertigkeit wird Ihr Sinn, den Ball richtig einzuschätzen, ausgeprägt und Ihre Lauftechnik sich entsprechend zur Schlagausführung der gegebenen Situation anpassen.

Rückzug in Ausgangsposition

Waren zum Erreichen des Balles mehr als nur zwei Schritte erforderlich, so müssen Sie nun die richtige Lauftechnik erlernen, um sich in eine optimale Standposition zu bringen.

Sie verlagern Ihr Körpergewicht vom linken auf den rechten Fuß. Sie bringen Ihren Körper in die sogenannte »Drehscheibenposition«, in die Frontalstellung (Zentralisierungspunkt).

Nehmen wir an, Sie befinden sich durch Ihren Vorhandschlag gerade am Netz. Ihre »Drehscheibenposition« unterscheidet sich, wenn Sie sich entschließen, dort den nächsten Return zu erwarten, nicht von der Ausgangsstellung an der Grundlinie. Ihre linke Hand umfaßt den Schlägergriff. Mit kleinen hüpfenden Bewegungen, die das Gleichgewicht Ihres Körpers wieder herstellen sollen, lockern Sie sich für den nächsten Schlag. In diesem Fall ein Volley.

Verbesserung der Schlagausführung

Zum Erlernen eines optimalen Vorhandschlages sind folgende Punkte zu beachten:

- rhythmischer Ablauf der einzelnen Bewegungsphasen
- Genügender Abstand zum Ball
- Schnelles Abschätzen von Ballgeschwindigkeit, Ballhöhe und Fluglinie
- Genaues Beobachten des Balles
- Erlernen einer optimalen Schlagbewegung für gezieltes Plazieren

Zum Erlernen dieser Technik wollen wir die Schlagausführung wieder in einzelne Phasen zergliedern.

1. Bewegungsablauf ohne Ball

Gehen Sie in Wartestellung, wie wir es bereits zum Erlernen des Rückhandschlages beschrieben haben.

Ihre Übung soll nun wieder zum Ziel haben, den Bewegungsablauf auch ohne Ball in chronologischer Reihenfolge auszuführen. Sicherlich gelingt es nicht gleich auf Anhieb. Oder etwa doch? Kompliment. Sie haben inzwischen schon gute Fortschritte gemacht. Ihre Beobachtungsgabe ist bereits ausgeprägt.

Doch geben Sie sich nicht gleich beim ersten Erfolg zufrieden. Nur durch ständiges Üben sitzt die Bewegung wirklich. Betrachten Sie nochmals die Abbildungen und Erklärungen.

Versuchen Sie wieder, die Bewegungsphase zu automatisieren. Denken Sie an den chronologischen Ablauf, an den Rhythmus. Achten Sie auf die Schlägerhaltung und die Fußstellung. Wenn Sie auch nur den leisesten Zweifel haben, unsauber zu stehen, vergleichen Sie wiederholt die Zeichnungen mit Ihrem Stellungsspiel. Zugegeben, der Lernprozeß scheint penibel, pedantisch – aber die Mühe lohnt! Denken Sie an die Tempi. Erst langsam in der Vorbereitungsphase, dann beschleunigt, aber nicht ruckartig im Ausholschwung, ruhiges Durchziehen im Augenblick des Kontaktpunktes.

Besinnen Sie sich ständig, und reflektieren Sie jede Bewegung. Auch, wenn Sie den Eindruck haben, nicht weiterzukommen – üben Sie Geduld.

2. Schlagausführung mit einem festangebrachten Ball

Gehen Sie nun wieder in Wartestellung, einen halben Schritt hinter dem befestigten Ball. Sie stehen nun aber links vom Ball. Berücksichtigen Sie den Raum, den Sie für Ihre Schlagausführung benötigen. Führen Sie nun die Vorbereitungsbewegung aus wie bereits beschrieben. Ihr linker Fuß befindet sich einen halben Schritt vor dem befestigten Ball, Ihr rechter Fuß einen halben Schritt hinter dem befestigten Ball.

Prüfen Sie nochmals, ob Sie den richtigen Schlagabstand haben. Wenn Sie diese Stellungskorrektur vorgenommen haben, markieren Sie sich wieder mit Kreide die eingenommene Fußstellung.

Gehen Sie nun in Warteposition, führen Sie die Vorbereitungsschritte aus. Ihr linker Fuß muß sich nun innerhalb der zweiten gezeichneten Markierung befinden.

Bemühen Sie sich nun, die Bewegung rhythmisch auszuführen. Sie darf nicht abgehackt oder ruckartig erfolgen.

Denken Sie an die Gewichtsverlagerung vom rechten auf den linken Fuß.

Haben Sie den Ball gut getroffen? Liegt der Kontaktpunkt etwa 20 cm vor Ihrem Körper?

Prüfen Sie nach Schlagausführung die Richtung und Haltung Ihres Schlägerkopfes. Befindet sich der Schlägerkopf in senkrechter Stellung, so müssen Sie sich sagen, daß dies die Stellung Ihres Rackets im Augenblick der Schlagphase war.

Wiederholen Sie die Übung, bis die Schlagbewegung gut sitzt. Die nächste Übung, immer noch am befestigten Ball, soll nun der gesamte Bewegungsablauf des Vorhandschlages sein. Klappt es schon rhythmisch? Noch ein wenig Geduld! Bald werden Sie den Ball sicher treffen. Vielleicht schon bei der nächsten Übung. Vergessen Sie nicht, daß diese Übungen eine große Hilfe sind, die gewünschte Perfektion in Ihre Schläge zu bekommen.

VORHAND MIT HILFE EINES FESTANGEBRACHTEN BALLES

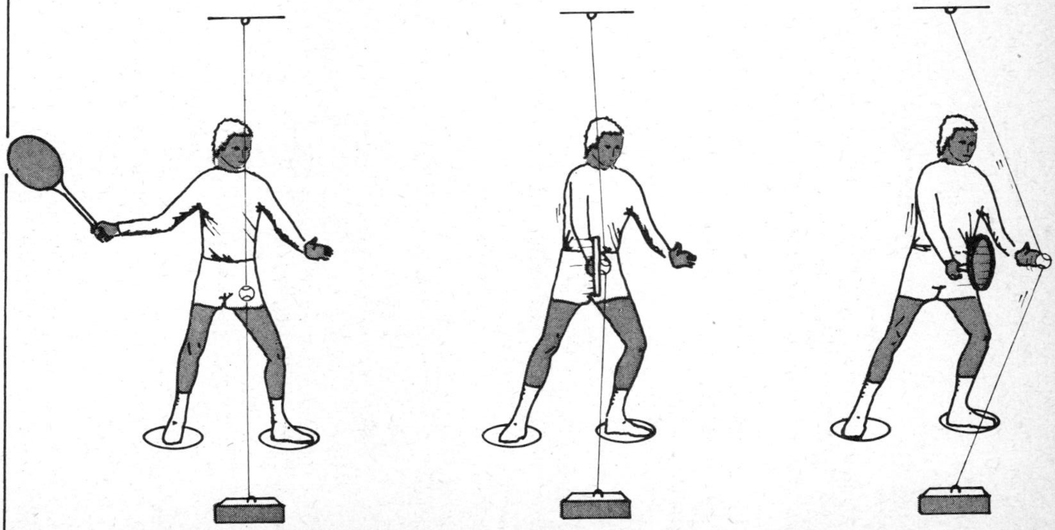

VORHAND MIT EINEM IN
SCHLAGRICHTUNG ZUGEWORFENEN BALL

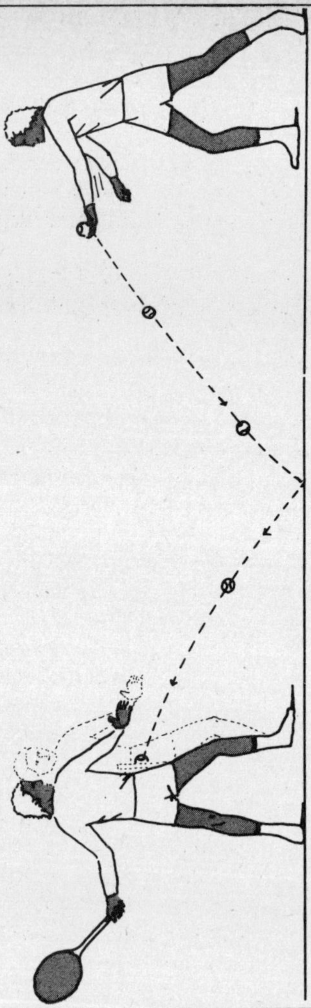

3. Vorhand mit einem in Schlagrichtung zugeworfenen Ball

Wir gehen nun wieder auf den Platz.

Ihr Übungspartner hält den Ball zwischen den Fingern seiner linken Hand, die Handfläche nach oben gewandt. Er steht an der Grundlinie. Jetzt wirft er Ihnen den Ball auf Ihre Vorhandseite. Bevor Sie jedoch die Bälle returnieren, markieren Sie die Stelle des gewünschten Ballaufpralls (Ballabsprung). Zeichnen Sie mit Kreide einen Kreis.

Ein guter Wurf verbessert die Wirksamkeit dieser Übung.

Besprechen Sie sorgfältig mit Ihrem Übungspartner die Vorbereitungsmaßnahmen.

Gehen Sie nun in Warteposition etwa 50 cm hinter der Grundlinie, in der Mitte des Spielfeldes. Führen Sie die Vorbereitungsbewegung aus, und erwarten Sie den Ball.

Denken Sie nicht krampfhaft daran, den Ball, egal wie, zurückzubringen. Wichtig ist zunächst die saubere Schlagbewegung. Es ist dabei nebensächlich, ob Sie den Ball auch wirklich über das Netz bringen. Denn sehr schnell werden Sie bei kontinuierlichem Üben die Trefferquote erhöhen und die Qualität der Schläge verbessern.

Wenn Sie von zehn Bällen acht ins gegnerische Feld setzen, ist diese Übung voll verarbeitet.

Denken Sie daran, die Schlägerfläche nach erfolgtem Schlag zu kontrollieren. Dies ist ein wichtiger Bestandteil der Übung.

4. Schlagausübung eines Balls außerhalb Ihrer Reichweite

Sie wissen nun, wie Sie einen Vorhandschlag auszuführen haben. Machen Sie sich nun daran, den Ball außerhalb Ihrer Reichweite zu treffen. Sie erinnern sich. Die Vorbereitung zur Schlagausführung ähnelt der Vorbereitungsarbeit des Rückhandschlages. Sie wissen auch, daß es nicht sehr einfach ist, Lauftechnik und Schlagausführung im rechten Augenblick zu koordinieren.

Ihr Übungspartner soll Ihnen nun den Ball etwa zwei bis drei Meter außerhalb Ihrer Reichweite zuwerfen.

Bemühen Sie sich nun wieder, mit zunächst großen Vorwärtsschritten an den Ball zu gelangen. Je näher Sie an den Ballaufsprung kommen, desto kleiner werden Ihre Schritte. Optimale Ruhestellung bei der Schlagausführung, wie bereits beschrieben, blitzschneller Rückzug nach Schlagausführung.

Haben Sie es geschafft? Sehr gut! Einmal genügt natürlich nicht. Wiederholen und noch einmal wiederholen. Synchronisieren Sie Lauftechnik und Schlagrhythmus, bis er Ihnen als eine reflexartige, rein mechanische Bewegung vorkommt.

Denken Sie daran, daß auch bei diesem Schlag die Tenniswand helfen kann. Schlagen Sie den Ball bewußt einmal kurz, einmal lang. Sie werden sehen, wie schnell Sie ins Schwitzen geraten und Reaktion und Lauftechnik verbessern.

VORHANDVOLLEY

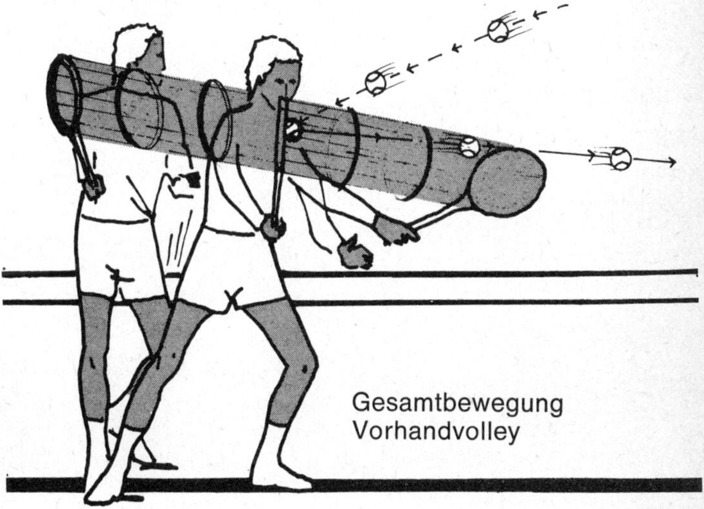

Gesamtbewegung
Vorhandvolley

LEKTION 5

Der Vorhandvolley

Ihr Gegner hat Sie gezwungen, an das Netz zu laufen. Jetzt gibt es zwei Möglichkeiten: Entweder wird der Ball auf Ihre Rückhandseite geschlagen und Sie wissen, was zu tun ist (3. Lektion), oder der Ball fliegt auf Ihre Vorhandseite. In diesem Fall müssen Sie mit einem Vorhandvolley antworten. Befassen wir uns nun mit dieser neuen Bewegung.

Auf welche Seite der Ball auch immer geschlagen wird, Sie dürfen auf keinen Fall vergessen, die Ausgangsstellung für den Volley einzunehmen. Diese Position befindet sich ca. 2 m hinter dem Netz, wobei der Schläger mit dem Rückhandgriff gehalten wird.

Um Ihnen einen allgemeinen Überblick zu geben, wird hier der für den Vorhandvolley notwendige Bewegungsablauf im ganzen dargestellt. Im weiteren Verlauf werden wir, wie bei allen Schlägen, zwecks besseren Verständnisses auch diesen Schlag in Einzelphasen zerlegen.

Damit Sie in der Lage sind, ohne größere Schwierigkeiten den perfekten Vorhandvolleyschlag nachzumachen, haben wir die einfachste Übung ausgesucht, d. h., der Ball kommt bei Ihnen in Armlänge an. Folglich ist keine Standveränderung notwendig. In diesem Fall wäre es jedoch unverzeihlich, den Ball nicht genau im Auge zu behalten.

Vorbereitung

Zeichnungen 1, 2, 3

Bei der Vorbereitung zu diesem Schlag dürfen Sie nicht den Bruchteil einer Sekunde verlieren. Sobald Sie erkennen können, daß der Ball auf Ihre Vorhandseite geschlagen wird, drehen Sie sofort Ihre linke Schulter zum Netz. Gleichzeitig greifen Sie um, d. h., Sie wechseln vom Rückhandgriff auf den Vorhandgriff. Vermeiden Sie vor allem, hierbei den Schläger anzuschauen. Gleichzeitig mit der Körperdrehung seitlich zum Netz wird der rechte Fuß parallel zum Netz gestellt.

Wie Sie schon wissen, ermöglicht diese Stellung eine beträchtliche Flexibilität des linken Beines. Die Drehung der Schultern erfolgt bis zu einem Punkt, wo ihre Linie eine Senkrechte zum Netz darstellt. Nach halber Drehung läßt die linke Hand den Schläger los. Am Ende der Vorbereitung muß sich der Schläger auf Kopfhöhe befinden und mit der rechten Schulter eine Linie bilden. Das linke Bein wird soweit vorgesetzt, daß Fußstellung und Schulter eine imaginäre Linie bilden. Es wird Ihnen jetzt keinerlei Schwierigkeiten bereiten, die Position des linken Beines zu verändern, da das Gewicht des Körpers noch auf dem rechten Bein liegt.

Schlagausführung

Zeichnungen 4, 5

Die rechte Hand führt den Schläger mit einer schnellen Bewegung in die Flugbahn des ankommenden Balles. Der Ball wird mit durchgedrücktem Handgelenk auf der Höhe der linken Schulter angegriffen. Der linke Arm ist seitwärts ausgestreckt, um das Gleichgewicht zu halten. Während dieses Bewegungsablaufes werden die Schultern mit Hilfe einer Gewichtsverlagerung, die vom rechten hinteren Fuß ausgelöst wird, in Richtung Netz bewegt. Die Linie der Schultern befindet sich im Moment des Treffpunktes auf Höhe des linken Fußes. Während dieser Bewegung findet folglich eine Gewichtsverlagerung vom rechten auf den linken Fuß statt.

Im Augenblick des Ballkontaktes müssen Sie den Eindruck haben, daß die Besaitung Ihres Schlägers »durch den Ball geht«.

Es ist sehr wichtig, daß diese Bewegung als Ganzes angesehen wird. Zwischen den einzelnen Bewegungsphasen soll keine Unterbrechung auftreten, im Gegenteil, alle Phasen müssen fließend ineinander übergehen.

Wenn Sie am Netz stehen, denken Sie daran, daß die Flugbahn des von Ihnen zu schlagenden Balles kurz ist.

Die Schlagvorbereitung muß daher kurz und schnell sein. Es ist von entscheidender Bedeutung, daß Sie die Ausgangsstellung für den Volley ausführen. Achten Sie darauf, daß die Schlagbewegung mit der Drehung und Vorwärtsbewegung des Körpers und der Schultern synchron verläuft. Der Ball muß entschlossen und beherzt angegriffen werden. Auch hier sollten Sie wieder den Eindruck haben, daß die Schlägerbesaitung durch den Ball dringt.

VORHANDVOLLEY

4

5

Vorhandvolley mit Standveränderung

Nehmen wir nun an, und dies wird oft der Fall sein, daß dieser Vorhandvolley einen Stellungswechsel erfordert. Während Sie den Schlag vorbereiten, rennen Sie schnell auf einer gedachten Linie, die immer die gleiche ist, auf den rechten Netzpfosten zu.

Die schräge Laufrichtung ermöglicht es Ihnen, die Flugbahn des Balles zu kreuzen und sich in die gewünschte Position zu bringen, um den Vorhandvolley so zu schlagen, wir wir ihn gelernt haben. Da der Ballwechsel nicht unbedingt beendet sein muß, müssen Sie nach der Schlagausführung umgehend zur Netzmitte zurücklaufen und die Ausgangsstellung für den Volley wieder einnehmen.

Verbesserung des Vorhandvolleys

Die Trainingsarbeit, die Sie aufgewendet haben, um Ihre Vorhand zu perfektionieren, wird Ihnen beim Erlernen des Flugballes von großem Nutzen sein, da Ihnen die Schlägerbewegung jetzt schon viel leichter fällt.

1. Bewegungsablauf ohne Ball

Vollziehen Sie nochmals in Gedanken wie beschrieben in genauer Reihenfolge alle Bewegungen des Vorhandvolleys, beginnend mit der Ausgangsstellung für den Volley.

Denken Sie gleichzeitig daran, den Vorhandgriff anzuwenden.

Achten Sie darauf, Ihre Bewegung kürzer und höher vorzubereiten, da bei der Vorhandschlagbewegung die Tendenz besteht, den Schläger hängen zu lassen.

Üben Sie und schauen Sie im Zweifelsfalle nochmals die Abbildungen und Erklärungen an.

Wiederholen Sie die Übung so lange ohne Ball, bis Sie sie erlernt haben.

2. Bewegungsablauf bei einem Ball auf Armlänge

Ihr Trainingspartner steht 3 m hinter dem Netz. Sie befinden sich in der Ausgangsstellung für den Volley. Er wirft Ihnen einen Ball in Schulterhöhe ca. 1 m rechts von Ihnen zu.

Führen Sie nun zunächst die Schlagvorbereitung durch. Bleiben Sie in Position (3) mit ruhigem Körper stehen. Ihr Partner wirft Ihnen jetzt den Ball zu. Die Übung besteht darin, die Schlagbewegung auszuführen.

Sie müssen diese Bewegung mechanisieren und regelmäßig in der Lage sein, mindestens 8 von 10 Schlägen richtig auszuführen, ehe Sie sich an die nächste Übung machen. Achtung: Zielen Sie nicht auf Ihren Trainingspartner!

Wenden wir uns einer neuen Übung zu. Ihr Partner wirft Ihnen einen Ball in gleicher Weise zu.

Sie sollen jetzt alle Bewegungen des Vorhandvolleys, beginnend mit der Ausgangsstellung für den Volley, zusammenhängend ausführen. Setzen Sie sich in Bewegung, sobald der Ball geworfen wird. Schauen Sie den Ball genau an, selbst wenn Sie zufällig wissen, wohin er geht. Bereiten Sie sich kurz vor.

Denken Sie an Ihren Vorhandgriff und daran, daß der Körper in den Schlag gelegt werden muß. Es ist schwierig, am Anfang nichts zu vergessen. Wiederholen Sie die Übungen. Bravo! Es ist fast geschafft!

3. Bewegungsablauf bei einem Ball außerhalb Ihrer Reichweite

Dies stellt die schwierigste Übung dar. Denn Sie müssen so schnell wie möglich laufen und hierbei zumindest am Anfang möglicherweise einen Teil der Vorhandvolley-Bewegungen vergessen.

Ihr Trainingspartner wirft Ihnen wieder einen Ball auf Ihre Vorhandseite, diesmal jedoch 2 bis 3 m entfernt von dem Punkt, wo Sie die Ausgangsposition für den Volley eingenommen haben.

Sie müssen alle Bewegungen des Vorhandvolleys wie beschrieben ausführen und gleichzeitig den Stellungswechsel vornehmen. Dies erscheint Ihnen bestimmt recht schwierig? So sieht aber der Vorhandvolley im Spiel aus. Aus diesem Grund muß dieser Schlag verbessert und perfektioniert werden.

Zögern Sie nie, die einfachsten Übungen zu wiederholen. Oft stellen sie die Lösungen Ihrer Probleme dar. Was Ihnen vielleicht als unwichtiges Detail erscheint, ist in Wirklichkeit von ausschlaggebender Bedeutung. Machen Sie erst weiter, wenn Sie alles begriffen haben.

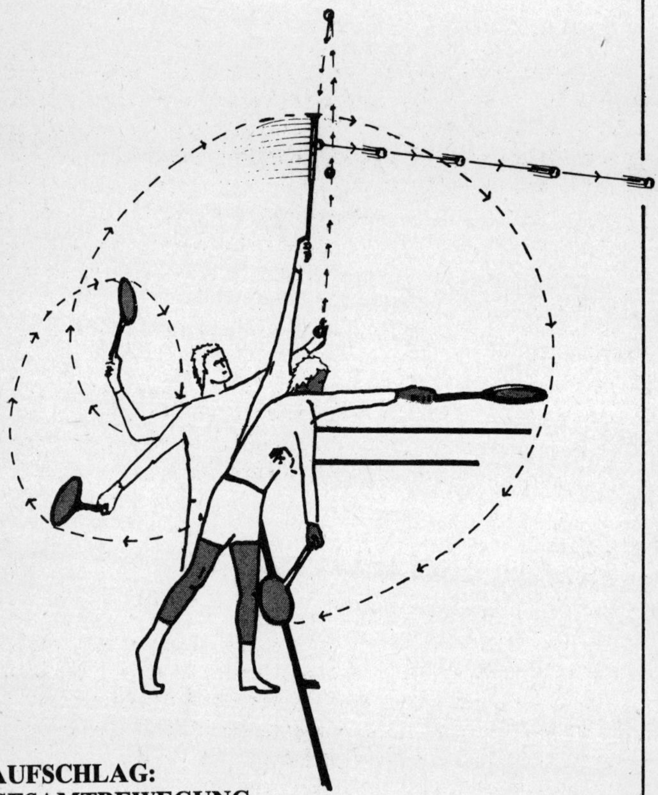

AUFSCHLAG:
GESAMTBEWEGUNG

LEKTION 6

Der Aufschlag

Aufgrund des Erlernten würden Sie sich jetzt sicherlich gern mit einem Gegner Ihrer Stärke messen. Verständlich, aber es muß noch einiges dazugelernt werden, insbesondere der Aufschlag, der den Ball ins Spiel bringt und mit dem alles beginnt.

Sie haben bestimmt schon vor Erreichen der 6. Lektion einige Aufschläge versucht. Bestimmt waren sie nicht besonders, oder doch? Lesen und betrachten Sie also aufmerksam die Erläuterungen und Abbildungen und versuchen Sie, die Modellbewegung zu wiederholen.

Bei einem Aufschlag müssen Sie direkt hinter der Grundlinie stehen und zwar:

- 50 cm rechts neben dem Mittelzeichen, wenn Sie in das linke Aufschlagfeld auf der gegenüberliegenden Netzseite zielen
- 50 cm links neben dem Mittelzeichen, wenn Sie in das rechte Aufschlagfeld auf der gegenüberliegenden Netzseite zielen.

Vorbereitung

Zeichnungen 1, 2, 3, 4

Nehmen wir als Beispiel den Beginn eines Spieles. Sie stehen 50 cm rechts neben dem Mittelzeichen und müssen den Ball diagonal in das links von Ihnen gelegene Aufschlagfeld schlagen. Stellen Sie Ihren linken Fuß direkt hinter die Grundlinie, wobei die Fußspitze auf den rechten Netzpfosten zeigen muß.

Die Beine sind leicht gespreizt, und der Körper ist im Gleichgewicht.

Beachten Sie Ihre Schlägerhaltung. Für den Aufschlag soll der Rückhandgriff benutzt werden.

Die Finger der linken Hand halten den Ball (mit dem Daumen, Zeigefinger und Mittelfinger) und unterstützen gleichzeitig den Schläger zwischen dem Griff und dem Schlägerherz. Der Schläger zeigt genau in die Richtung, in die Sie den Ball schlagen wollen.

DER AUFSCHLAG

Ich werfe den Ball
gerade hoch.
3
4
7
8

Ihre Knie sind leicht gebeugt. Bleiben Sie entspannt.

Ohne den Winkel zwischen dem Unterarm und dem Schläger (s. Lektion 1) zu verändern, wird mit dem Schläger langsam eine fallende und anschließend eine steigende Kurve beschrieben.

Am Ende der Vorbereitung stellt der Schläger praktisch eine Verlängerung des Unterarmes dar.

Der linke Unterarm beschreibt zunächst wie der Schläger eine Abwärtsbewegung.

Anschließend führen Sie mit demselben Arm eine Aufwärtsbewegung durch – der linke Arm ist gestreckt und die linke Handfläche zeigt nach oben –, um den Ball nach oben zu werfen. Der Ball wird in dem Moment losgelassen, wo sich die Hand über dem Kopf befindet. Je weiter Sie den Ball nach oben begleiten, um so genauer wird der Wurf. Blockieren Sie auf keinen Fall den Wurfarm. Der Arm soll den Ball in seiner steigenden Flugbahn begleiten.

Selbst wenn Sie den Ball schon losgelassen haben, dürfen Sie ihn unter keinen Umständen aus dem Auge lassen. Während dieser Vorbereitungsphase wird das Körpergewicht auf den rechten Fuß verlagert.

Schlagausführung

Zeichnungen 5, 6, 7, 8

Der Ellbogen des rechten Armes wird gebeugt, damit der Schläger hinter dem Rücken herabsinken kann. Die rechte Hand führt jetzt den Schlägerkopf mit einer schnellen Bewegung nach oben. Der rechte Arm wird total gestreckt. Der Schläger trifft den Ball über dem linken Fuß.

Währenddessen fällt der linke Arm wieder neben dem Körper nach unten, und der Unterarm legt sich quer vor die Hüfte. Das Körpergewicht verlagert sich vom rechten auf das linke Bein. Nach dem Ballkontakt begleitet der noch immer mit gestrecktem Schlagarm gehaltene Schläger den Ball in die gewünschte Schlagrichtung. Anschließend wird der Schläger an der linken Körperhälfte vorbei nach unten ausgeschwungen.

Vermeiden Sie auf jeden Fall eine Unterbrechung der Aufschlagbewegung, selbst wenn Ihnen anfänglich dieser Schlag unnatürlich erscheint. Nur eine flüssige Bewegung garantiert einen wirkungsvollen Aufschlag. Die Bewegung muß leicht und rhythmisch sein.

Die erste Bewegungsphase muß langsam, die zweite beschleunigt erfolgen. Achten Sie auf einen festen Schlägergriff. Die große Beschleunigung könnte sonst dazu führen, daß Sie den Schläger loslassen.

Verbesserung des Aufschlages

Dieser Schlag dürfte Ihnen schwieriger und komplexer als die zuvor gelernten vorkommen. Dies ist einerseits richtig, andererseits falsch. Er ist schwer zu erlernen, da er eine ganze Reihe von wichtigen Details beinhaltet und einwandfrei synchronisiert werden muß. Andererseits ist er der einzige Schlag im Tennis, der nicht von Ihrem Gegner beeinflußt werden kann. Der Aufschlag darf daher auf keinen Fall vernachlässigt werden. Sie brauchen niemanden, um diesen Schlag zu perfektionieren. Es liegt also nur an Ihnen, wenn Sie die Aufschlagbewegung, die Sie allein bestimmen können, nicht richtig ausführen.

Wie schon gesagt, der Aufschlag ist kein leichter Schlag. Die Bewegungen beider Arme müssen genau aufeinander abgestimmt sein. Jede Armbewegung spielt zu einem bestimmten Zeitpunkt eine entscheidende Rolle.

Um Ihnen das Erlernen dieses Schlages zu erleichtern, schlagen wir vor, daß Sie erst die Bewegungen eines Armes, dann die Bewegungen beider Arme zusammen, erst in Einzelphasen und anschließend als gesamten Schlag üben.

1. Bewegung des linken Arms: Das Hochwerfen des Balles

Bereiten Sie sich auf die beschriebene Weise vor, und nehmen Sie Position (3) ein. Der rechte Arm bleibt in dieser Stellung.

Die Übung besteht darin, den linken Arm ausgestreckt nach unten zu schwingen, und zwar in Richtung des Netzpfostens auf Ihrer rechten Seite, wobei die linke innere Handfläche nach oben zeigt. Der Ball wird mit den Fingern gehalten und in gerader Linie nach oben gestoßen. Er wird in dem Moment losgelassen, wenn sich die linke Hand über Kopfhöhe befindet. Von diesem Punkt aus muß der Ball in gerader Linie hochsteigen. Der linke Arm setzt seine Bewegung fort, bis er die auf Abb. 4 gezeigte Position erreicht hat. In dieser Position muß der Ball beim Fallen auch wieder gefangen werden.

Eine kleine Korrektur der Hand nach vorn oder hinten, nach links oder rechts wird sicherlich notwendig sein. Der Wurf kann jedoch als gut betrachtet werden, wenn der Ball noch aufgefangen werden kann. Diese Korrektur darf aber auf keinen Fall den Körper aus dem Gleichgewicht bringen: dies würde einen schlechten Wurf zur Folge haben.

Diese Übung erscheint leicht, aber dies täuscht. Die Mechanisierung dieses Bewegungsablaufes ist von ausschlaggebender Bedeutung. Erst wenn Sie regelmäßig 8 von 10 Übungen richtig ausführen, können Sie diesen Bewegungsablauf als erlernt betrachten.

In den meisten Fällen ist ein schlechtes Hochwerfen des Balles der Grund für einen schlechten Aufschlag.

2. Bewegung des rechten Arms: Die Schlagbewegung

Sie halten den Ball jetzt nicht mit Ihrer linken Hand, sondern zwischen Daumen, Zeige- und Mittelfinger Ihrer rechten Hand. Bereiten Sie sich auf die zuvor beschriebene Weise vor, und nehmen Sie die Position (3) ein.

Werfen Sie jetzt den Ball so hoch und so weit wie möglich über das Netz. Der Wurf darf nur so stark sein, daß Ihr Körper nicht das Gleichgewicht verliert. Gleichzeitig wird das Körpergewicht vom rechten auf den linken Fuß verlagert.

Führen Sie jetzt die gleiche Übung mit dem Schläger aus. Aber bitte nicht gleich mit dem Schläger werfen. Zu Beginn des Schlages sollten Sie jedoch den Eindruck haben, als würden Sie den Schläger wegwerfen. Halten Sie beim Schlagen den Schläger lediglich fest, damit er Ihnen nicht aus der Hand fällt.

Machen Sie diese beiden Übungen abwechselnd, wobei Sie bei der zweiten Übung fühlen sollten, daß der Schläger beim Ausholen hinter dem Rücken verschwindet. Achten Sie auch darauf, daß Ihre Arme einwandfrei gestreckt und der Schlägerkopf im Moment des Ballkontaktes ganz gerade ist. Beenden Sie die Bewegung wie beschrieben.

3. Schlagen des Balles mit einer Teilbewegung

Sie können jetzt einen Ball werfen. Sie können ebenfalls die Schlagbewegung mit dem rechten Arm ausführen. Es bleibt nur noch, diese beiden Bewegungen zu koordinieren. Sie werden es schon schaffen.

Bereiten Sie sich auf die zuvor beschriebene Weise vor, und nehmen Sie die Position (3) ein.

Werfen Sie den Ball hoch, und beginnen Sie mit der Schlagbewegung. Verlieren Sie nicht den Mut, wenn es am Anfang nicht klappt. Zahlreiche Versuche werden nötig sein, ehe Sie den Ball treffen oder ganz über das Netz schlagen.

Ziel dieser Übung ist es, die Bewegungen beider Arme zu koordinieren, damit der Schläger den Ball am richtigen Punkt, in richtiger Höhe und im richtigen Augenblick trifft.

Wenn Ihnen dies nicht gelingt – Sie verlieren Ihr Gleichgewicht und schwanken nach links oder rechts, nach vorn oder hinten –, dann hat Ihr Ball nicht die erforderliche Höhe oder Richtung.

Sie können aber eine Entschuldigung vorbringen; in dieser Übung wurde nämlich das Hochwerfen des Balles durch die Tatsache erschwert, daß Sie gleichzeitig an die Schlagbewegung denken mußten. Zögern Sie nicht, die beiden ersten Übungen zu wiederholen.

Die dritte Übung werden Sie erst nach wochenlanger harter Trainingsarbeit meistern.

Üben Sie diese Bewegungen jedoch nicht zu verbissen, damit Sie nicht entmutigt werden. Trainieren Sie jeweils 15 Minuten abwechselnd den Aufschlag, die Vorhand und Rückhand.

Wenn Sie 7 von 10 Bällen über das Netz bringen, können Sie die Teilbewegung als erlernt betrachten.

4. Schlagen des Balles mit einer Gesamtbewegung

Sie haben jetzt praktisch Ihr Ziel erreicht. Es bleibt nur noch die Gesamtbewegung. Alle zuvor genannten Übungen werden Ihnen hierbei enorm helfen. Ihre Mühen waren nicht vergebens.

Üben Sie einmal ohne Ball alle Bewegungen zusammen. Sie müssen schnell die Koordination der Bewegungen finden, die Sie sich in der vorangegangenen Übung erarbeitet haben. Perfekt. Versuchen Sie es jetzt mit dem Ball. Sie dürfen aber keinen Spontanerfolg erwarten. Sie müssen wissen, daß Ihnen mit der Mechanisierung Ihrer Aufschlagbewegung eine lange und harte Arbeit bevorsteht.

Denken Sie immer daran, Ihre Griffhaltung zu überprüfen und den Ball genau anzusehen. Führen Sie immer wieder die einfachsten Übungen aus, insbesondere das Hochwerfen des Balles. Sie werden diese Mühe nicht bedauern, wenn Ihr Gegner eines Tages nicht mehr in der Lage ist, Ihren Aufschlag zu returnieren.

SMASH (SCHMETTERBALL):

GESAMTBEWEGUNG

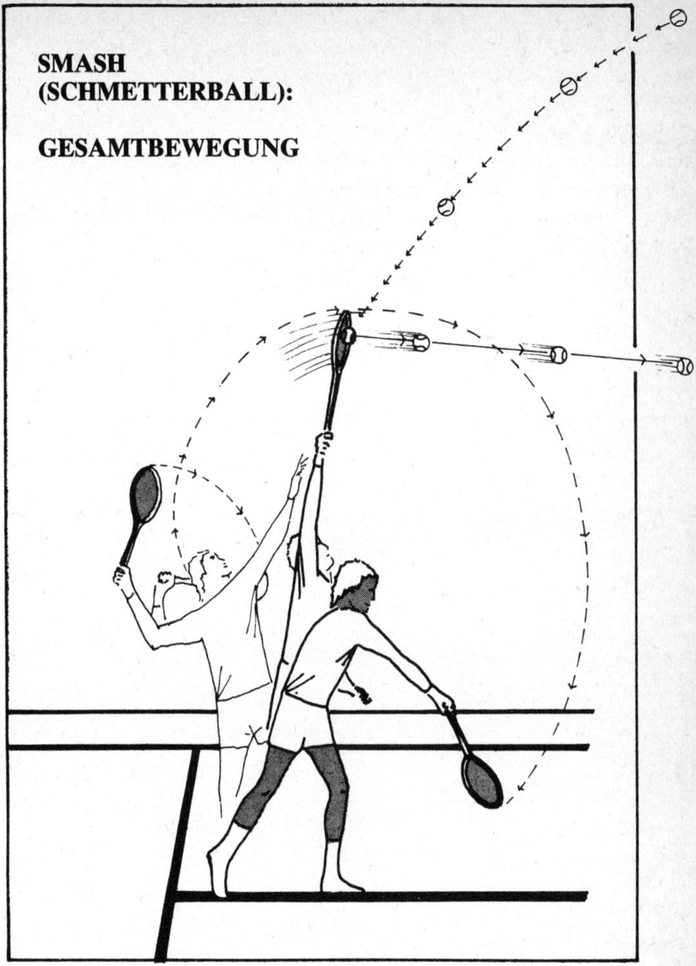

LEKTION 7

Der Smash (Schmetterball)

Sie befinden sich in Netznähe. Der Gegner, der Ihre Flugballstärke kennt – nehmen wir zumindest an, daß dies der Fall ist –, hat sich eine andere Art der Verteidigung ausgedacht. Er will Sie überlobben, d. h., er versucht, einen hohen Ball über Sie hinwegzuschlagen. Sie sollten diesen Schlag mit einem Smash beantworten, das bedeutet, Sie müssen den Ball, der eine fallende Flugbahn hat, über Ihrem Kopf schlagen. Da Sie sich in der Nähe des Netzes befinden, sind Sie scheinbar in der Bereitschaftsstellung für den Volley. Um die Bewegung wenigstens für den Augenblick zu erleichtern, nehmen wir an, daß der Lob nicht gut geschlagen wurde, d. h. nicht nah genug an die Grundlinie kommt. Sie können also einen Smash ohne Stellungswechsel schlagen, da sich der Ball in Ihrer Armlänge befindet (siehe Abb.). Sie müssen nur die richtige Stellung einnehmen.

Vorbereitung

Zeichnungen 1, 2

Sie befinden sich am Netz in Bereitschaftsstellung für den Volley und halten den Schläger mit dem Rückhandgriff. Ein Griffwechsel ist nicht erforderlich, da dieser Griff auch für den Smash verwendet wird. Sobald Sie ein Ansteigen des Balles bemerken, drehen Sie die linke Schulter nach vorn. Gleichzeitig setzen Sie den rechten Fuß nach hinten.

Führen Sie auf der linken Ferse eine Vierteldrehung aus. Diese Drehung bringt Ihren Körper in eine senkrechte Linie zum Netz.

Bringen Sie Ihren Schläger wie beim Aufschlag nach hinten und zeigen Sie mit der linken Hand auf den Ball.

Am Ende der Vorbereitung lastet das Körpergewicht auf dem rechten Bein.

Schlagausführung

Zeichnungen 3, 4, 5

Bei Beginn der Schlagbewegung wird der Ellbogen abgewinkelt, und der Schlägerkopf verschwindet hinter dem Rücken. Die rechte Hand schwingt nun mit dem Schläger beschleunigt nach oben, bis eine totale Streckung des Armes erreicht wird.

Der Schläger trifft nun den Ball in einer gedachten Linie, die über dem linken Fuß liegt.

Währenddessen wird der linke Arm entlang des Körpers nach unten geführt, wobei sich der Unterarm quer vor die Hüfte legt. Das Körpergewicht wird nun vom rechten auf den linken Fuß verlagert.

Nach dem Ballkontakt begleitet der mit ausgestrecktem Arm gehaltene Schläger den Ball einen Augenblick in der gewünschten Schlagrichtung und schwingt dann nach links unten neben dem Körper aus.

Sie haben sicherlich bemerkt, daß diese Bewegung der Aufschlagbewegung ähnelt. Die Vorbereitung muß schnell und der Schlag rhythmisch, energisch, fest und dennoch locker sein.

Der Smash mit Standveränderung

Es wird natürlich selten der Fall sein, daß Ihr Gegner Ihnen den Ball genau dorthin spielt, wo Sie stehen. Dies würde in den meisten Fällen einen verlorenen Punkt für ihn bedeuten, denn es ist äußerst schwierig, einen derart ausgeführten Smash zurückzuschlagen.

Er wird also versuchen, Sie auf bestmögliche Art und Weise zu überlobben, d. h., er wird versuchen, Sie in Schwierigkeiten zu bringen, indem er Sie zu einem Stellungswechsel zwingt.

Um einer solchen Spielsituation gewachsen zu sein, werden wir die Grundtechnik der Standveränderung erlernen, die es Ihnen erlaubt, in eine ideale Stellung (2) zum Ball zu gelangen und den eben erlernten Smash auszuführen.

Beim Smash ist keine Zeit zu verlieren, da der Ball nicht aufspringen soll.

Sie müssen sich daher sehr schnell in Position (2) bringen. Hierzu müssen Sie mit Kreuzschritten zurücklaufen und so unter den Ball kommen, daß, falls Sie ihn nicht schlagen würden, dieser auf Sie

fallen würde. Der Rhythmus dieser Kreuzschritte muß anfangs schnell und bei Annäherung an den Schlagpunkt etwas langsamer sein. Diese Tempoeinteilung garantiert ein genaues Stellungsspiel. Nachdem Sie den Smash geschlagen haben, dürfen Sie nicht stehen bleiben, sondern Sie laufen sofort zur Netzmitte zurück und nehmen die Ausgangsstellung für den Volley ein, da der Ballwechsel nicht unbedingt beendet sein muß.

Verbesserung des Smash

Obwohl die Bewegung des rechte Armes augenscheinlich die gleiche wie für den Aufschlag ist, treten beim Smash andere Schwierigkeiten auf.

Nehmen wir an, ein Ball, dessen Flugbahn hoch war, kommt auf Sie zu. Der Ball hat eine bestimmte Geschwindigkeit erreicht. Dies erfordert zunächst, daß Sie Ihre Position unter dem Ball richtig einschätzen und im richtigen Augenblick Ihre Schlagbewegung auslösen. Dies ist nicht einfach.

Es ist wichtiger denn je, den Ball genau im Auge zu behalten.

Ich stelle mich genau unter den Ball
3
4
5

1. Smash ohne Standveränderung aus der Vorbereitungsstellung

Von der Bereitschaftsstellung für den Volley ausgehend, bereiten Sie sich auf den Schlag wie zuvor beschrieben vor und nehmen die Position (2) ein.

Ihr Partner steht auf der anderen Netzseite gegenüber und wirft Ihnen mit der Hand einen Ball von unten nach oben zu. Falls dieser Ball nicht geschmettert würde, müßte er im Fallen Ihren Körper treffen.

Bevor mit dieser Übung begonnen wird, muß Ihr Trainingspartner ein wenig üben, um die ideale Flugbahn zu ermitteln. Also nicht böse sein, wenn er manchmal sein Ziel verfehlt. Haben Sie Geduld. Denn die Geduld ermöglicht eine wirkungsvolle Trainingsarbeit. Die Übung besteht darin, aus Ihrer Bereitschaftsstellung heraus den von Ihrem Trainingspartner geworfenen Ball zu schmettern.

Ehe Sie sich an die nächste Übung machen, müssen Sie 8 von 10 Schlägen richtig ausführen.

2. Smash ohne Standveränderung aus der Ausgangsstellung »Volley«

Dies ist die gleiche Übung wie zuvor, nur daß Sie die gesamte Schmetterbewegung aus Ihrer Ausgangsstellung für den Volley heraus ausführen.

Ihr Trainingspartner wirft Ihnen den Ball in gleicher Weise zu. Achten Sie auf eine flüssige Bewegung und einen energischen Schlag.

Die gesamte Schmetterbewegung muß mechanisiert werden. Auch hier sollten Sie in der Lage sein, 8 von 10 Schmetterbällen richtig auszuführen, ehe Sie sich an die nächste Übung machen.

3. Smash mit Standveränderung aus der Ausgangsstellung »Volley«

Ihr Trainingspartner befindet sich immer noch in der gleichen Stellung. Diesmal aber wirft er Ihnen den Ball etwas höher und vor allem etwas weiter zu und zwar so, daß der Ball 2 bis 4 m hinter Ihnen herunterfällt.

Um diesen Ball schlagen zu können, müssen Sie zunächst einmal Ihre Stellung wie zuvor beschrieben wechseln. Dies bringt beträcht-

SMASH MIT STANDVERÄNDERUNG

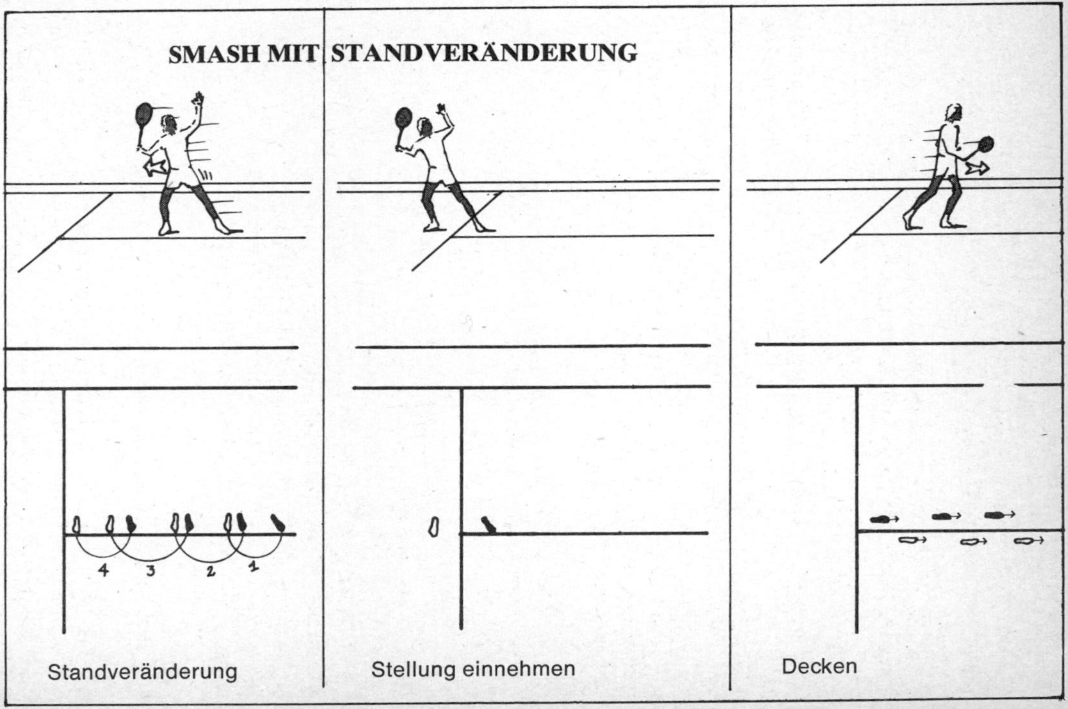

liche Schwierigkeiten mit sich. Die Mechanisierung dieses Schlages erfordert viel Übung, um so mehr, als der Ball nicht immer am gleichen Punkt fällt.

Beim Zurücklaufen behalten Sie vor allem den Ball im Auge. Umfassen Sie den Schläger mit dem Rückhandgriff. Greifen Sie den Ball beherzt an und versuchen Sie, ihn auf dem höchstmöglichen Punkt zu schlagen. Da der Ball nicht auf Sie wartet, wird das geringste Zögern bei diesem Schlag zu einem Mißerfolg führen. Lassen Sie sich nicht entmutigen, wenn Sie anfangs daneben schlagen. Zwecks Verbesserung dieses Schlages wiederholen Sie alle Phasen dieser Bewegung. Eines Tages werden Sie erstaunt sein, mit welcher Kraft und Dynamik der Ball den Schläger verläßt. Dies wird dann ein Beweis dafür sein, daß Sie den Smash mechanisiert haben.

LEKTION 8

Die Beinarbeit

Jetzt haben Sie alle Grundschläge im Tennis gelernt. Das Ziel Ihrer Mühen und Anstrengungen ist aber noch nicht erreicht. Um größere Erfolge zu erzielen, muß die Beinarbeit trainiert werden, d. h. die Gesamtheit der Bewegungen, die Rhythmik – das Gleichgewicht, die Körperdrehungen, das Beugen, die Beschleunigung, das Starten und Stoppen, das Springen –, die es Ihrem Körper ermöglichen, im richtigen Augenblick in der richtigen Stellung zum Ball zu sein.

Übrigens, in allen vorangegangenen Lektionen haben wir schon einige Grundbegriffe der Beinarbeit erwähnt, die ein unerläßlicher Bestandteil der Grundschlagtechnik ist.

Denn bei einem Ball, der in Ihrer Armlänge aufspringt, müssen Sie bei einem Schlag, der eigentlich keinen Stellungswechsel notwendig macht, auch einen Fuß drehen, das Knie beugen, das Bein nach vorn bringen und das Gewicht von einem Bein auf das andere verlagern.

Diese Beinarbeit muß ständig mit den Bewegungen Ihrer Arme und Ihres Oberkörpers synchronisiert werden und harmonieren. Die Beinarbeit ist das verbindende Element im Tennis, das Ihnen ermöglicht, alle während eines Ballwechsels notwendigen Schläge auszuführen. Falls Sie die Möglichkeit haben, großen Tennisspielern zuzusehen, sei es auf einem Centre-Court oder im Fernsehen, das diesem populär gewordenen Sport immer mehr Sendezeit einräumt, versuchen Sie einmal, bei mehreren Ballwechseln nur die Beinarbeit der Spieler zu beobachten.

Sie werden dabei feststellen, daß die Beine ständig in Bewegung sind und ein wahres Ballett vollführen.

Chronologische Folge der einzelnen Phasen der Beinarbeit:

- Standveränderung
- In-Stellung-Gehen
- Verlagerung des Körpergewichts auf beide Beine
- Erneutes Abdecken des Platzes

Beinarbeit

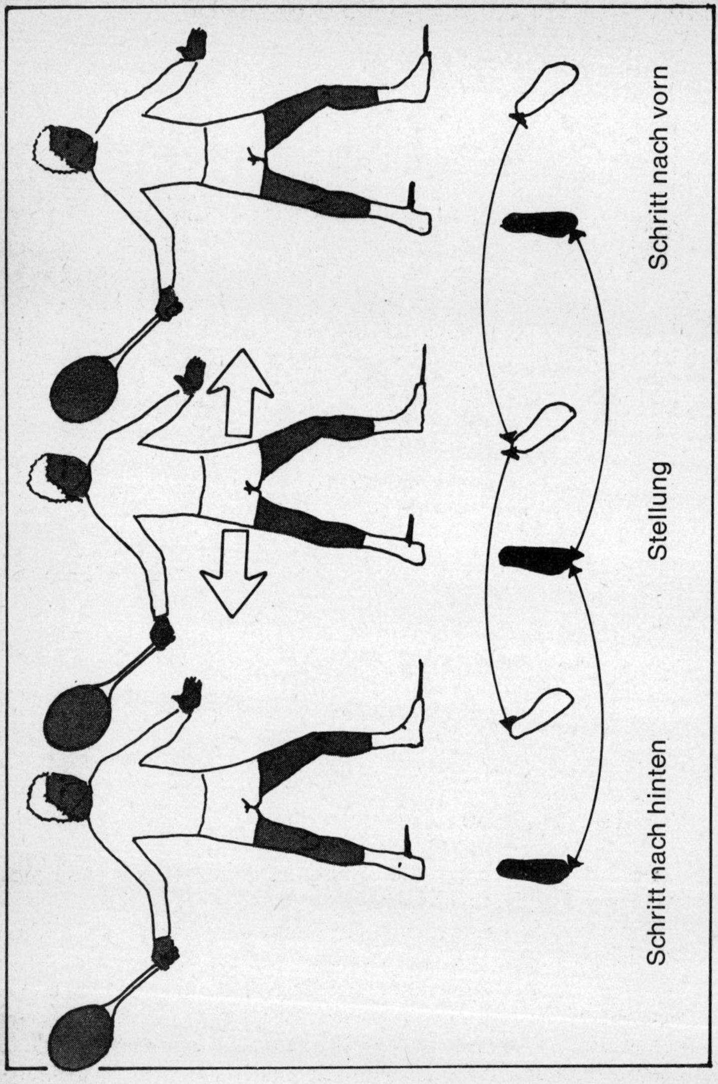

VERLAGERUNG DES KÖRPERGEWICHTES
AUF BEIDE BEINE

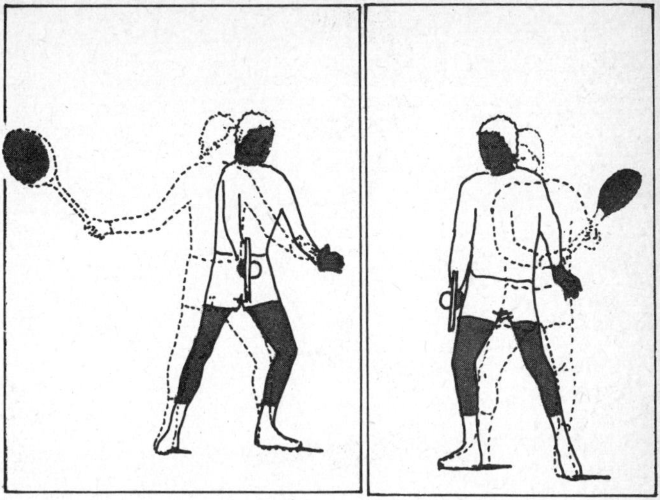

Standveränderung

Die Standveränderung zielt darauf ab, Sie so schnell wie möglich in die neue Stellung zu bringen.

Wie wir gelernt haben, muß die Standveränderung mit schnellen Schritten erfolgen. Die Startgeschwindigkeit sollte hoch sein, damit Sie rechtzeitig zum Kontaktpunkt gelangen. Während des Stellungswechsels dürfen Sie nicht vergessen, Ihre vorbereitende Bewegung auszuführen, wobei Sie den Ball nicht aus den Augen lassen dürfen. Die Erfahrung wird Sie im Laufe der Zeit lehren, die Geschwindigkeit des Balles und sein Verhalten richtig einzuschätzen, also Dinge, von denen die Art Ihres Stellungswechsels abhängt.

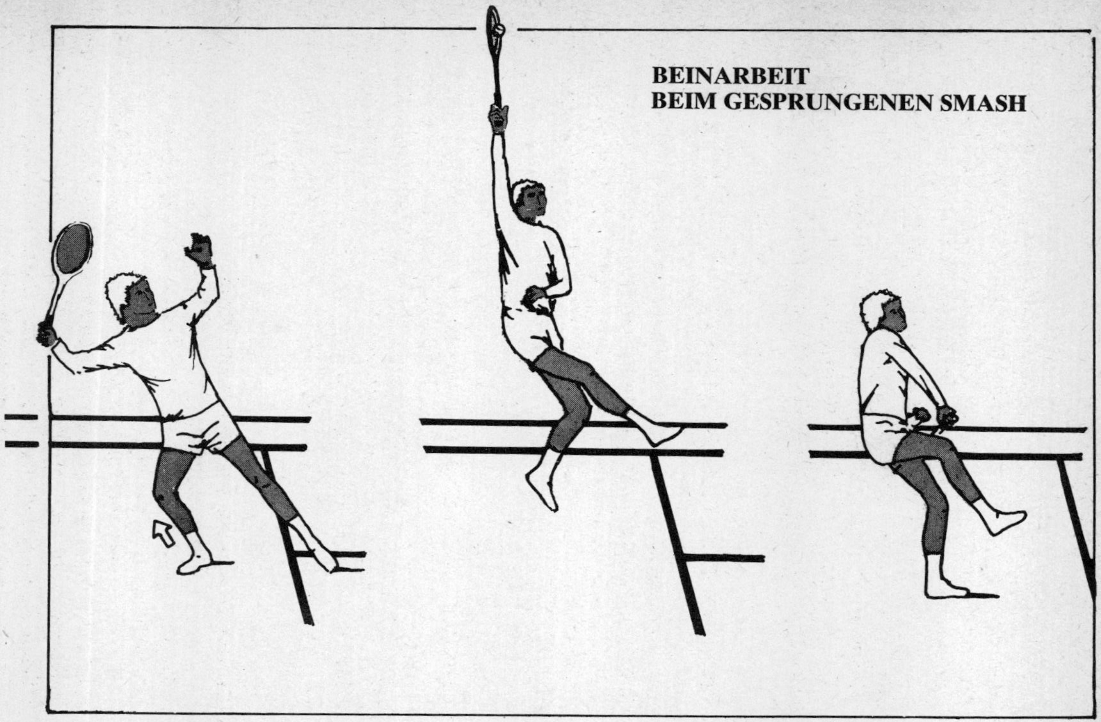
BEINARBEIT
BEIM GESPRUNGENEN SMASH

In-Stellung-Gehen

Dank Ihrer Schnelligkeit sind Sie rechtzeitig zum voraussichtlichen Kontaktpunkt mit dem Ball gekommen. Sie müssen sich jetzt nur noch in eine ideale Position bringen. Die Korrekturschritte nach vorn oder hinten, die Ihnen dies ermöglichen, müssen klein sein und in einem langsamen Rhythmus ausgeführt werden, Ihr Körper muß eine Senkrechte zum Netz bilden.

Sie haben jetzt also die Vorbereitung abgeschlossen.

Diese kleinen Schritte nach vorn oder hinten müssen Sie auch ausführen, wenn der Ball direkt auf Sie zukommt.

Verlagerung des Körpergewichtes auf beide Beine

Sie stehen jetzt mit beiden Beinen auf dem Boden, d. h., Sie haben einen beidbeinigen Stand eingenommen.

Gleichzeitig mit der Auslösung Ihrer Schlagbewegung muß eine Verlagerung des Körpergewichtes vom hinteren auf den vorderen Fuß erfolgen.

Erneutes Abdecken des Platzes

Sobald die Schlagbewegung abgeschlossen ist, müssen Sie den Platz erneut richtig decken, indem Sie entweder mit seitlichen Schritten in Ihre Bereitschaftsstellung zurückspringen, oder, falls diese zu weit entfernt ist, mit normalen Laufschritten.

Beinarbeit beim Laufen zum Netz

Normalerweise läuft man zum Netz, wenn der Gegner einen kurzen Ball geschlagen hat.

Zunächst findet der Stellungswechsel mit großen Schritten und anschließend mit einem Seitenschritt statt, der mit dem Schlagen des Balles synchronisiert werden muß. Nach der Schlagausführung müssen Sie so schnell wie möglich zum Netz laufen, um die Ausgangsstellung für den Volley einzunehmen.

BEINARBEIT BEIM AUFSCHLAG

Beinarbeit beim Flugballspiel

Die hohe Geschwindigkeit des Flugballspiels erfordert eine Verbesserung der Beinarbeit, die in Lektion 3 und 5 beschrieben ist.

Diese Verbesserung der Beinarbeit beim Flugballspiel besteht darin, den jeweiligen Fuß bei gleichzeitigem Auslösen der Schlagbewegung nach vorn zu setzen.

Beinarbeit beim gesprungenen Smash

Während eines Ballwechsels stellen Sie plötzlich fest, daß Sie einen sehr hohen Ball Ihres Gegners durch einfachen Stellungswechsel, wie wir ihn für den Smash gelernt haben, nicht erreichen können. Nachdem Sie die Stellung gewechselt haben, müssen Sie also nach oben springen, wobei Sie sich mit dem hinteren Fuß, d. h., dem rechten Fuß, abstoßen.

Einen solchen Überkopfball nennt man auch »Smash mit Scherenschlag«, weil die Beine nach dem Absprung nach vorn eine Schere bilden, die es dem aus dem Gleichgewicht geratenden Körper ermöglicht, das Gleichgewicht wiederherzustellen und auf dem linken Fuß zu landen.

Beinarbeit beim Aufschlag

Im fortgeschrittenen Stadium werden Ihre Aufschläge dynamischer und kraftvoller werden. Der Schwung des Aufschlages wird Ihren Körper nach vorn bringen. Ihr hinteres Bein wird nach dem Schlag einen Schritt vor die Grundlinie machen. Im Falle, daß der Spieler seinem Aufschlag ans Netz folgen will, wird diese Bewegung des hinteren Beines der erste einer Reihe von Schritten in Richtung auf das Netz sein, wo sofort die Ausgangsstellung für den Flugball eingenommen wird.

Training der Beinarbeit

Tatsächlich helfen alle Übungen auf dem Tennisplatz oder vor einer Wand, die Beinarbeit zu verbessern.

Im Laufe der Zeit muß die Beinarbeit automatisch und instinktiv sein. Sie werden sie jedoch erst dann beherrschen, wenn Sie ihr keine Aufmerksamkeit mehr schenken müssen, und wenn Sie sich immer in idealer Stellung zum Ball befinden.

Aber um diese »Routine« zu erreichen, müssen Sie konstant trainieren. Dies geschieht aber auch im Rahmen der erlernten Bewegungen und der zuvor vorgeschlagenen Übungen. Deswegen darf die Beinarbeit aber auf gar keinen Fall vernachlässigt werden.

Regel 1: »Behalten Sie immer den Ball im Auge.«

Regel 2: »Achten Sie immer auf einwandfreie Beinarbeit.«

LEKTION 9 Verbesserung der Grundtechnik

Bisher haben wir uns in keiner der vorangegangenen Lektionen von den genauen Normen der sogenannten Grundtechnik entfernt, was bis zu diesem Zeitpunkt auch unbedingt notwendig war.

Je mehr sie nun Ihre Technik verbessern und Bewegungsabläufe mechanisieren, desto mehr werden Sie feststellen, daß bestimmte Spielsituationen, denen Sie sich manchmal gegenübersehen, sei es beim Training an der Wand, sei es beim Spielen auf dem Tennisplatz, gewisse Verbesserungen dieser Grundtechnik notwendig machen.

Dies ist zum Beispiel der Fall, wenn Sie einen Ball schlagen müssen, dessen Absprung sehr hoch oder sehr niedrig ist.

Hohe Bälle

Vorhand und Rückhand

Es gibt drei Möglichkeiten, mit der Vorhand oder Rückhand einen hoch aufspringenden Ball zu schlagen:

- Man kann diesen Ball im Aufsteigen in Hüfthöhe schlagen. Diese Ausführung des Vorhand- oder Rückhandschlages würde in seinem Bewegungsablauf dem Schlag entsprechen, den wir schon gelernt haben. Diese Lösung, die als die einfachste erscheint, ist in Wirklichkeit die schwierigste, weil das Einnehmen der richtigen Schlagstellung sowie die Schlagsynchronisation und die Schlagausführung sehr schnell erfolgen müssen und ein sehr gutes Augenmaß erfordern. Es dauert sehr lange, bis Sie all diese Fähigkeiten erworben haben.
- Man kann den Ball im Fallen in Hüfthöhe schlagen. Auch dieser Schlag würde der Ausführung des klassischen Vor- oder Rückhandschlages entsprechen. Dieser Schlag wird am meisten angewendet, weil er die einfachste Möglichkeit darstellt. Sie haben genügend Zeit, den Ball zu verfolgen und in Position zu gehen.

Dieser Schlag ist aber leider nicht der wirkungsvollste, da Sie dem Gegner genügend Zeit lassen, seine richtige Stellung wieder einzunehmen.

- Man kann den Ball hoch schlagen, was eine Ergänzung der Grundtechnik mit sich bringt. Sie müssen diesen Ball einfach höher vorbereiten, indem Sie den Ellbogen anheben, was am Ende der Vorbereitung dazu führt, daß sich der Schlägerkopf deutlich über Kopfhöhe befindet.
  Die Technik dieses Schlagablaufes entspricht nun wieder der Grundtechnik. Dank dieser Technik können Sie mit dem Schläger den Ball in Kopfhöhe leicht darüber schlagen.
  Im Moment des Schlages sind die Beine gestreckt, ja, man kann sich sogar auf die Fußspitzen stellen.

Vorhand- und Rückhandvolley

Die Grundtechnik wird wie folgt ergänzt:

1. Die Bewegung wird höher vorbereitet, indem der Ellbogen angehoben wird. Dadurch wird der Schlägerkopf hinten höher geführt.
2. Am Ende der Schlagvorbereitung muß der Schläger eine Position einnehmen, die zwischen der einer Rückhand und einem Rückhandvolley, bzw. zwischen der einer Vorhand und einem Vorhandvolley liegt.
3. Wenn der Volley in der Nähe des Netzes ausgeführt wird, muß der Schlägerkopf im Moment des Ballkontaktes leicht zum Boden zeigen, damit der Ball von oben nach unten geführt wird.

Tiefe Bälle

Vorhand und Rückhand

Die Bälle, die niedrig abspringen, können auch nur niedrig zurückgespielt werden. Die Knie müssen folglich maximal gebeugt sein, wobei das hintere Knie mit dem Boden in Berührung kommen kann.

In einem derartigen Fall muß der Ball von dem Schläger tief genug aufgenommen werden. Hierfür ist es vielleicht manchmal nötig, das Handgelenk abzuknicken.

Vorhand- und Rückhandvolley

Die Schlagtechnik des Vorhand- und Rückhandvolleys ist bei tiefen Bällen die gleiche wie bei der Grundtechnik. Vergessen Sie aber nicht die Unterschiede, die teilweise schon für die tiefen Bälle im allgemeinen erwähnt wurden.

1. Die Knie sind gebeugt, das Knie des hinteren Beines kann den Boden berühren.
2. Der Schläger muß den Ball tief aufnehmen. Dies kann dazu führen, daß der Ball mit abgewinkeltem Handgelenk aufgenommen werden muß, d. h., die Schlägerfläche befindet sich unter dem Handgelenk.
3. Im Augenblick des Ballkontaktes muß die Schlägerfläche leicht nach oben zeigen, damit der Ball von unten nach oben geschlagen wird und das Netz passieren kann.

Der Lob

Der Lob ist ein Ball, dessen Flugbahn hoch und lang ist. Aus diesem Grund muß der Ball von unten nach oben geschlagen werden, wobei die Schlägerfläche nach oben zeigt. Die Schlagtechnik ist die gleiche wie für den Vorhand- und Rückhandschlag bei tiefen Bällen. Damit der Ball hoch genug steigen kann, müssen Sie den Ball länger in die gewünschte Schlagrichtung begleiten, als wollten Sie ihn »stoßen«.

Der Halbflugball

Sie haben keine Zeit, sich in Position zu bringen. Der Ball ist etwas zu weit entfernt, um einen Flugball auszuführen. Sie sind deshalb gezwungen, einen Halbflugball auszuführen, d. h., den Ball sofort nach dem Aufsprung zu schlagen. Die Ausführung dieses Schlages ist sehr schwierig, da dieser schnelle und tiefe Ball schwer kontrolliert werden kann. Die Schlagtechnik des Halbflugballes entspricht annähernd des tiefen Volleys, wobei der Schläger den Boden berühren kann.

Die Flugbahn des Balles

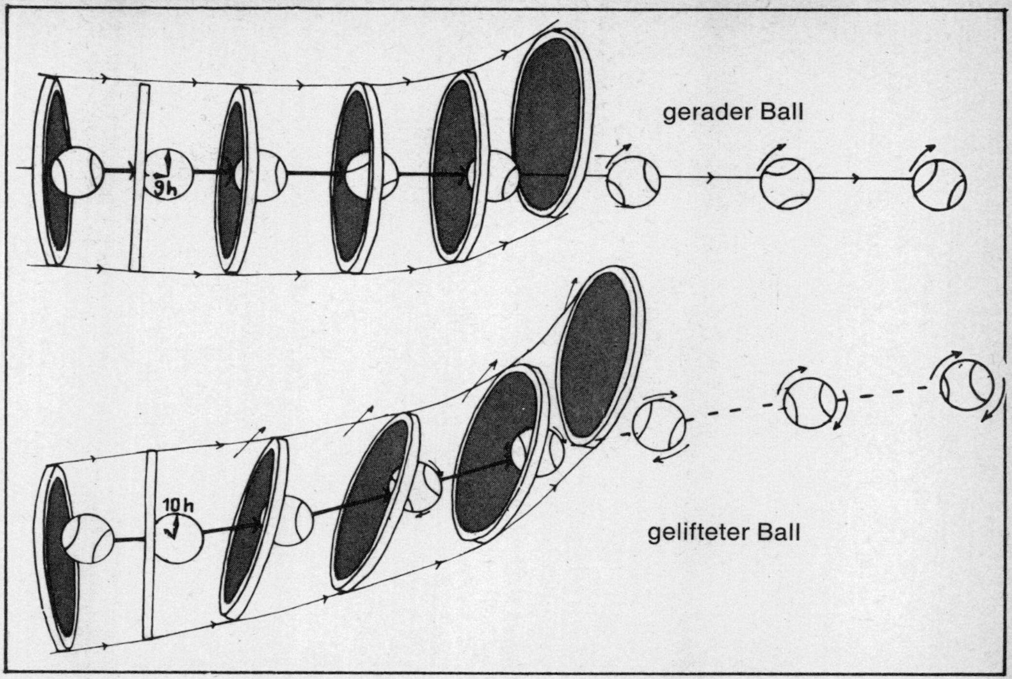

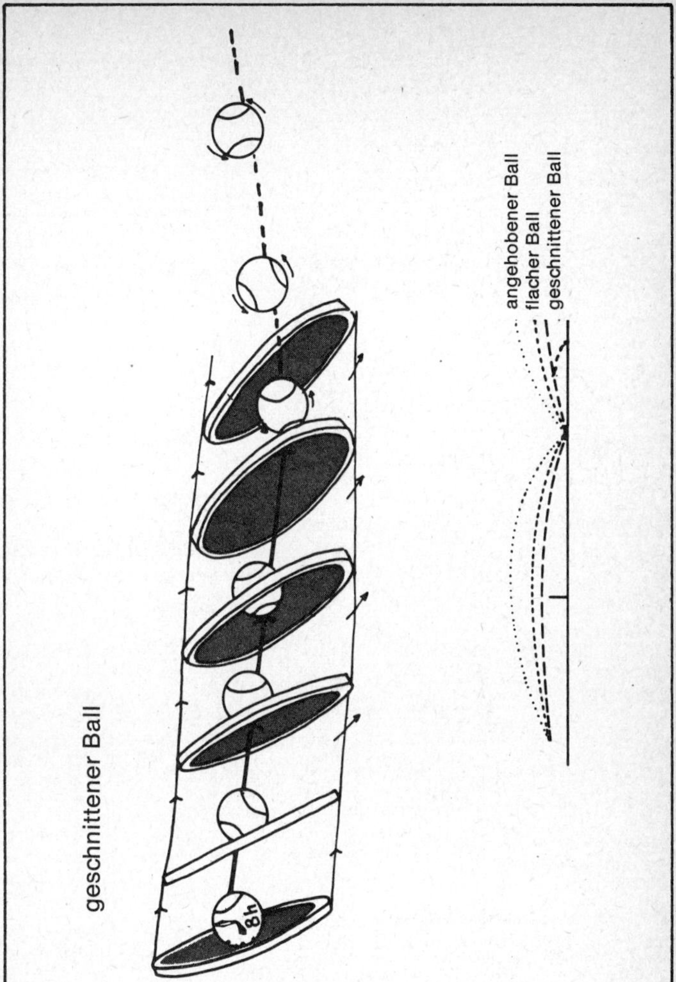
geschnittener Ball
angehobener Ball
flacher Ball
geschnittener Ball
8h

Spezialschläge

Bis jetzt haben wir immer vorausgesetzt, daß die Bälle gerade geschlagen wurden, d. h., sie wurden ohne Drall gespielt. Aber in der Praxis treten diese geraden Schläge sehr selten auf. Der Ball dreht sich leicht um seine eigene Achse und zwar in der Richtung, wie auf der Abbildung gezeigt wird.

Der »gerade« Ball wird, wie Sie sehen können, um 9 Uhr geschlagen. Beachten Sie die Stellung der Schlägerfläche vor, während und nach dem Schlag. Die Flugbahn eines gerade geschlagenen Balles ist gerade und schnell.

Überrissene Vor- und Rückhand

Schauen Sie sich die Abbildung genau an. Die Schlägerbespannung drückt den Ball leicht von 9 auf 10 Uhr und gibt ihm einen Drall, der durch die Pfeile gekennzeichnet wird.

Die Flugbahn eines überrissenen Balles ist hoch, da er von unten nach oben geschlagen wird. Dieser Drall bewirkt beim Aufschlagen des Balles eine erneute Beschleunigung. Der Ball springt im wahrsten Sinie des Wortes.

Schlagtechnik

Sobald Sie die Vorbereitung beendet haben, beginnen Sie damit, die Schlägerfläche nach unten abzukippen, bis sie sich genau unter der Ebene befindet, wo Sie den Ball schlagen werden.

Um diese Schlägerstellung zu erreichen, müssen Sie die Knie deutlich beugen. Der Schlag gegen den Ball von unten nach oben muß mit einer beschleunigten Bewegung ausgeführt werden. Im Augenblick des Ballkontaktes müssen Sie den Ball »einwickeln« (von 9–10 Uhr), wobei die Schlägerfläche am Anfang leicht nach oben und am Ende des Schlages leicht nach unten zeigt (10 Uhr).

Beim Auslösen dieser Schlagbewegung findet gleichzeitig eine Gewichtsverlagerung vom hinteren auf den vorderen Fuß statt. Die Beine, die gebeugt waren, strecken sich wieder. Diese Bewegung endet an einem höheren Punkt, als dies die Grundtechnik vorschreibt.

Unterschnittene Vor- und Rückhand (Slice)

Wie Sie auf der Abbildung sehen, »streicht« die Schlägerfläche am Ball von 9–8 Uhr vorbei und gibt ihm einen Effet, der durch die Pfeile angezeigt wird.

Dieser Drall bewirkt, daß der Ball nach dem Absprung nur noch flach wegrutscht.

Schlagtechnik

Wie in der Grundtechnik vorgeschrieben, wird dieser Schlag aus der vorbereitenden Stellung heraus geschlagen. Der Ball wird mit einer beschleunigten Bewegung von oben nach unten geschlagen.

Im Moment des Ballkontaktes ist die Schlägerfläche leicht nach oben gestellt.

Die Bewegung endet an einem tieferen Punkt, als es die Grundtechnik vorschreibt.

Die Flugbahn der Bälle ist gemäß dem ihnen mitgegebenen Drall (Abb.).

Stopball

Ein Stopball ist ein sehr kurz gespielter Ball, der knapp hinter dem Netz herunterfällt. Sein Aufsprung sollte so niedrig wie möglich sein. Die geschnittenen Schläge eignen sich daher besonders gut für die Ausführung von Stopbällen.

Die Gesamtbewegung ist kürzer als für einen normal angeschnittenen Schlag. Es muß der Eindruck entstehen, daß die Stopball-Bewegung am Kontaktpunkt des Balles endet. Der Stopball erfordert sehr großes Ballgefühl, da der Ball nicht wirklich geschlagen, sondern nur leicht berührt oder eingewickelt werden soll.

Der angeschnittene Aufschlag (Slice-Aufschlag)

Auch für den Aufschlag haben wir eine Bewegung gelernt, die einen geraden Schlag produziert. Die Flugbahn des Balles ist also gerade und schnell.

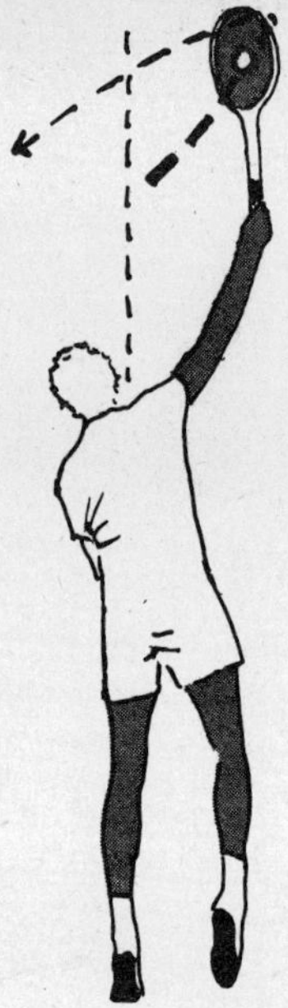

geschnittener oder
»geslicter« Aufschlag

Der angeschnittene Aufschlag (Slice) dagegen gibt dem Ball einen Drall. Seine Flugbahn ist langsamer. Nach dem Aufsprung springt der Ball mit Effet nach links.

Schlagtechnik

1. Der Ball wird ca. 20 cm rechts von dem Punkt hochgeworfen, wo Sie den Ball für Ihr Aufschlaggeschoß hochwerfen.
2. Der Ball wird in einer Achse geschlagen, die ca. 20 cm rechts neben der Achse liegt, in der der Ball für den Kanonenaufschlag hochgeworfen wird.

Beim Schlagen eines angeschnittenen Aufschlages wird der Schlägerkopf nach oben rechts gegen den Ball geschwungen. Es entsteht der Eindruck, als würde der Schlägerkopf nur seitlich am Ball vorbeistreichen.

Nach dem Ballkontakt wird der Schläger nach links abgeschwungen.

LEKTION 10

Ein wenig Taktik

Sie können jetzt, wie viele Spieler, alle Schläge mehr oder minder gut, und jeder Schlag ist Ihnen zumindest ein Begriff. Sie möchten nun natürlich wissen, ob diese Schläge wirksam sind. Sie sollten sich jetzt bemühen, die bestmögliche Taktik entsprechend den jeweiligen Umständen anzuwenden. Denn jetzt heißt es, ein Spiel zu gewinnen. Um dieses Ziel zu erreichen, müssen Sie sich etwas einfallen lassen. Zuvor jedoch müssen Sie Ihre technischen und physischen Fähigkeiten richtig einschätzen.

Sie sollten ebenfalls in der Lage sein, sich den verschiedenen Spielsituationen und vor allem dem Spiel des Gegners anzupassen.

Machen Sie sich freilich Ihr Spiel nicht doppelt schwer, indem Sie sich komplizierte taktische Feldzüge ausdenken. Vergessen Sie nie, daß die einfachste Taktik auch die beste ist.

Sie sollten immer genügend Kampfgeist entwickeln und bemüht sein, selbst den Punkt zu machen, statt darauf zu warten, daß Ihr Gegner einen Fehler begeht.

Pauschal gesehen erreicht man dies am besten, wenn man ans Netz geht. In diesem Augenblick wird der Gegner zwangsweise in die Defensive gedrängt.

Betrachten wir einmal die verschiedenen Situationen, in die Sie während eines Spieles geraten können, und wie Sie diese erfolgreich meistern können.

Grundlinienduell

Ihr Gegner und Sie befinden sich jeweils auf der Grundlinie. Sie schlagen lange Bälle und rennen nach links und nach rechts. Falls Sie beide den Ball im Spiel halten können, kann dieser Ballwechsel möglicherweise sehr lange dauern.

Bei einem solchen Ballwechsel können Sie einen Punkt machen, indem Sie versuchen, einen starken Vorhand- oder Rückhandschlag in die Nähe einer der gegnerischen Linien zu plazieren.

Dieser Schlag ist sehr risikoreich, da die Wahrscheinlichkeit, daß Sie den Ball verschlagen, größer ist, als daß Sie einen Punkt machen. Achten Sie darauf, daß die Geschwindigkeit des Ballwechsels Ihre Fähigkeiten nicht übersteigt. Spielen Sie lange Bälle über das Netz, ohne zu versuchen, den Ball zu nah an die Linie zu plazieren. Die Tatsache, daß Sie lange Bälle spielen, übt einen starken Druck auf Ihren Gegner aus.

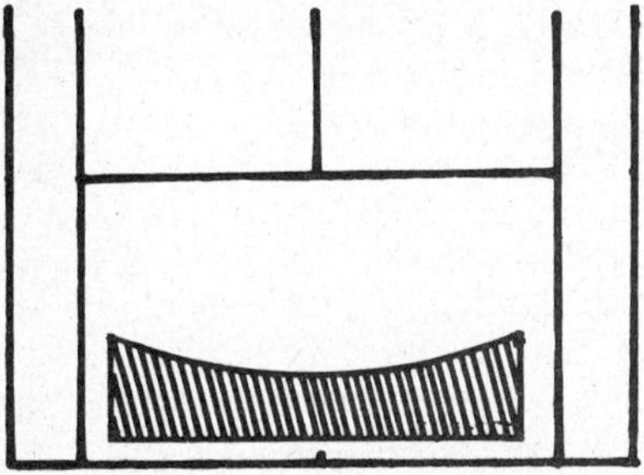

schraffiert: Die Zone, in die Sie beim Grundlinienduell zielen sollten.

Irgendwann wird Ihr Gegner einen Fehler machen. Er wird zwar den Ball treffen, ihn aber vielleicht schwach zurückschlagen, d. h. nur bis in Ihr Mittelfeld. Warten Sie auf einen solchen Ball, der geradezu eine Einladung zur Offensive ist. Falls der Ball hoch geschlagen wird, versuchen Sie den Punkt zu machen, indem Sie den Ball dorthin setzen, wo Sie eine »Lücke« im gegnerischen Feld entdecken. Besser wäre noch, wenn Sie einen langen Ball auf seine Rückhand setzen und ans Netz gehen würden. Der Ballwechsel könnte dann ohne großes Risiko mit dem nächsten Schlag beendet werden.

Stellen wir uns die umgekehrte Situation vor. Der Gegner hat Sie in eine Ecke des Feldes gedrängt. Sie müssen jetzt versuchen, den Gegner mit einem langen und hoch gespielten Ball zu überlobben, damit Sie genügend Zeit haben, Ihre Ausgangsposition wieder einzunehmen.

Sie sind in Netzposition

Zwei Punkte müssen hierbei beachtet werden. Bleiben Sie nah genug am Netz, damit Sie nicht allzu schwierige Flugbälle schlagen müssen. Seien Sie aber auch auf einen Lob vorbereitet, der, falls Sie von ihm überrascht werden, Sie dazu zwingt, zurückzulaufen und Sie dadurch in eine schwierige Situation bringt.

Falls der Gegner einen Lob schlägt, müssen Sie unbedingt versuchen, den Punkt zu machen.

Antworten Sie mit einem Smash. Es lohnt sich, dieses Risiko einzugehen. Alles spricht für Sie, den Punkt zu gewinnen.

Falls Sie einen Volley schlagen müssen, gibt es zwei Möglichkeiten: der Volley kann entweder hoch oder tief sein.

Immer wenn Sie einen hohen Volley spielen müssen, können Sie angreifen. Gehen Sie dem Ball entgegen, und schlagen Sie ihn in die gewünschte Richtung.

Damit Ihnen die größtmögliche Chance bleibt, den Punkt zu gewinnen, müssen Sie, außer wenn Ihr Gegner eine große Zone ungedeckt läßt, den Ball, sei es als geraden und langen Volley oder als kurzen Cross-Volley, in die Nähe der Seiten- oder Grundlinie setzen.

Falls der Gegner Sie zwingt, einen tiefen Volley zu spielen, versuchen Sie einen tiefen Schlag auszuführen. Versuchen Sie nicht, diesen Punkt für sich zu entscheiden, da Sie hierfür nicht gut genug plaziert sind. Zwingen Sie Ihren Gegner zu einem risikoreichen Passierschlag oder zum Anheben des Balles. Dies ermöglicht es Ihnen, die Angriffsposition wieder einzunehmen und den Ballwechsel mit dem nächsten Schlag zu beenden.

Ihr Gegner ist in Netzposition

Die erste Empfehlung in diesem Fall lautet: Vermeiden Sie, den Ball in seine Reichweite, oder zumindest unmittelbare Reichweite, d. h. dorthin, wo er den Punkt ohne weiteres gewinnen kann, zu spielen. Die beste Taktik besteht darin, abwechselnd lange und hohe Lobs zu spielen, die schwer zu schmettern sind. Oder aber tiefe Bälle, die den Gegner dazu zwingen, tiefe Volleys zu schlagen, die er nicht für den Punktegewinn einsetzen kann.

In Anbetracht dieser Tatsache fällt den Lobs eine Doppelrolle zu: erstens wird der Gegner durch Schmetterbälle in Schwierigkeiten gebracht, was zum Punktverlust führen kann, und zweitens zwingt ihn der Lob dazu, nach hinten zu laufen, also seine Netzposition aufzugeben. Dies vereinfacht Ihre Aufgabe, den Gegner im folgenden Schlag dazu zu zwingen, einen schwierigen tiefen Volley auszuführen. Wenn der Gegner im obigen Fall nicht hätte zurücklaufen müssen, wäre es für ihn einfach gewesen, den Ball direkt hinter dem Netz als hohen Volley zu schlagen, obwohl Sie beabsichtigten, ihn zum Schlagen eines tiefen Volleys zu zwingen.

Bis jetzt haben wir angenommen, daß Ihr Gegner seine Platzhälfte gut abdeckte. Sobald dies jedoch nicht mehr der Fall ist und Sie eine kleine Lücke entdecken, versuchen Sie, ihn mit einem schnellen und gut plazierten Vorhand- oder Rückhandschlag zu passieren.

Sie haben den Aufschlag

Setzen Sie von Zeit zu Zeit als ersten Ball einen Kanonenaufschlag in eines der schraffierten Felder, um entweder direkt einen Punkt zu machen, oder einen schwachen Return zu provozieren, der es Ihnen erlaubt, anzugreifen.

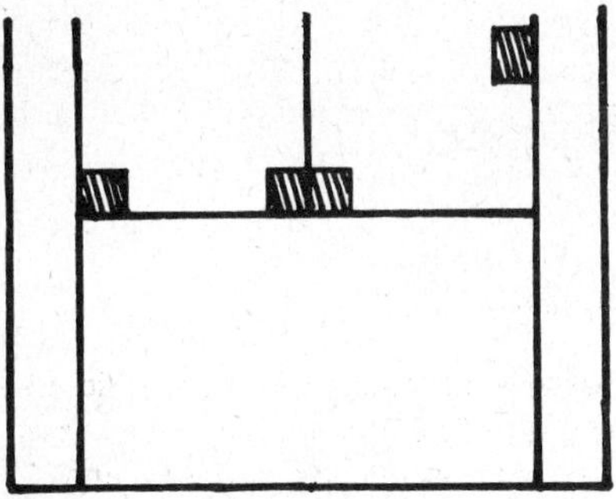

schraffiert: Die Zone, in die Sie zielen müssen, um mit dem Aufschlag einen Punkt zu machen.

In diesem Fall versuchen Sie, den Ball in die Nähe einer der gegnerischen Linien zu setzen. Wenn Sie in die Mitte servieren, zielen Sie auf die Aufschlaglinie; wenn Sie in die Nähe der Seitenlinie servieren, können Sie den Gegner mit einem kurzen Ball besser zum Stellungswechsel zwingen. Der flache Aufschlag sollte aber nicht zu oft benutzt werden, da sich der Gegner schnell an ihn gewöhnen kann. Überraschen Sie den Gegner, indem Sie Ihre Aufschläge variieren.

Ansonsten sollten Sie als 1. Aufschlag manchmal und als 2. Aufschlag immer den geschnittenen Aufschlag benutzen. Sie werden damit vielleicht nicht sofort einen Punkt machen, aber immer im Vorteil sein, denn es ist für den Gegner nicht einfach, diesen Ball zu returnieren. Acht von zehn zweiten Aufschlägen sollten Sie auf die Rückhand Ihres Gegners spielen. Sie vermeiden damit stark geschlagene Vorhandreturns. Falls Sie Ihrem Aufschlag ans Netz folgen wollen, d. h. um sich in Bereitschaftsstellung für den Volley zu bringen, glauben Sie bitte nicht, daß es notwendig ist, den Aufschlag mit Härte zu schlagen. Im Gegenteil. Um einen mittelmäßigen Return zu provozieren und um einen etwas leichteren Volley ausführen zu können, schlagen Sie einen geschnittenen Aufschlag.

Ihr Gegner hat den Aufschlag

Vor dem Aufschlag Ihres Gegners müssen Sie einen Schlachtplan festlegen und sich darüber klarwerden, wo Sie den Aufschlagreturn hinschlagen wollen. Zumindest sollten Sie es versuchen. Dadurch wird vermieden, daß Sie den Return aufgrund Ihres Zögerns verschlagen. Es sollte vor allem Ihr Ziel sein, beim Aufschlagreturn so wenig direkte Fehler wie möglich zu machen.

Falls der Gegner die Angewohnheit hat, seinem Aufschlag ans Netz zu folgen, returnieren Sie einen kurzen Ball entlang der Linie oder cross. Dadurch wird Ihr Gegner gezwungen, einen tiefen Volley zu spielen, der ihn in Schwierigkeiten bringen kann.

Wenn er jedoch auf der Grundlinie bleibt, returnieren Sie einen langen Ball. Damit übernehmen Sie die Offensive im Spiel.

Falls der 2. Aufschlag Ihres Gegners kurz ist – Sie werden viele Gegner mit dieser Schwäche haben –, setzen Sie ihn mit einem langen Schlag unter Druck und gehen Sie ans Netz, welches eine gute Ausgangsstellung für die Beendigung des Ballwechsels ist.

Taktik im Doppel

Wie der Name schon andeutet, stehen sich im Doppel jeweils zwei Spieler gegenüber. Die Strategie des Doppels unterscheidet sich zwar von der des Einzels, die Qualitäten des Einzelspielers kommen aber auch hier voll zur Geltung.

Denken Sie immer daran, daß Sie zu zweit sind und, daß man nicht für sich alleine spielt. Das Ziel der Doppelspieler ist es, die Netzzone zu besetzen.

Aus diesem Grund muß sich der Partner des Aufschlägers immer am Netz befinden. So ist die halbe Arbeit schon getan. Der Aufschläger wird den 1. Aufschlag des öfteren angeschnitten schlagen, um unter den günstigsten Bedingungen schnellstmöglich ans Netz zu gelangen. Andererseits wird der Rückschläger – der Spieler, der den Ball zurückschlägt – versuchen, einen kurzen Cross oder einen Lob zu schlagen. Somit kann er seinem Return ans Netz folgen und mit seinem Doppelpartner, der sich schon am Netz befindet, die Netzzone abdecken. Beide Doppelpartner sollten immer auf gleicher Höhe stehen, um die gesamte Platzhälfte gut abzudecken. Gleichzeitig sollten sie versuchen, auf der gleichen Linie wie der Gegner zu stehen, der den Ball schlägt.

Im Spiel sollte alles darauf abzielen, die Gegner in Schwierigkeiten zu bringen. Sobald sie einen steigenden Ball schlagen, sollte einer von Ihnen in der Lage sein, den Punkt mit Hilfe eines Volleys oder eines Schmetterballes zu machen.

Ihre Gegner werden natürlich auch versuchen, Sie in Schwierigkeiten zu bringen.

Wenn Sie sich verteidigen, versuchen Sie, nicht zu viele Passierbälle zu schlagen. Zwei Spieler am Netz stellen eine wirksame Abwehrmauer dar. Denken Sie immer daran, daß ein gut ausgeführter Lob in diesem Fall die beste Waffe ist.

Zu guter Letzt . . .

Auf dem Papier erscheint dies alles sehr einfach.

Man riskiert natürlich, im entscheidenden Augenblick eines Spieles einen Teil dieser Ratschläge zu vergessen. Um dies zu vermeiden, müssen Sie ständig hellwach und sich voll und ganz bewußt sein, was passiert.

Wenn Sie am Gewinnen sind, dürfen Sie Ihre Taktik nie ändern. Sagen Sie sich nicht: »Es gibt keine Probleme, ich kann jetzt etwas anderes ausprobieren.«

Andererseits sollten Sie sich nicht auf eine Taktik versteifen, mit der Sie verlieren. In diesem Falle sollten Sie etwas anderes versuchen, selbst wenn Sie den Eindruck haben, daß nichts mehr zu machen ist. Auch das Spiel Ihres Gegners dürfte nicht ohne Fehler sein, denn auch er ist vermutlich kein Weltmeister.

Eine Taktik, mit der Sie verlieren, ist oft auf einfache technische Mängel zurückzuführen, z. B. wird der Ball nicht genau im Auge behalten.

Wenn der Gegner seinen Schlagrhythmus gefunden hat und jeden Ball richtig schlägt, können Sie versuchen, diesen Schlagrhythmus durch einen Tempowechsel zu unterbrechen. Dies ist eine wirksame Waffe. Schlagen Sie abwechselnd schnelle und hohe bzw. lange und kurze Bälle. Es würde mich doch sehr überraschen, falls Ihr Gegner jetzt keine Fehler macht.

Sie haben sich bestimmt schon einmal darüber gewundert, daß Ihnen ein schwieriger Schlag geglückt ist. Im tiefsten Innern wußten Sie natürlich, daß Sie Glück dabei hatten. Geben Sie zu, daß Sie große Mühe hätten, einen solchen Schlag zu wiederholen.

Das ist kein Unglück. Bei zwei Gegnern, ganz gleich welcher Spielstärke, spielen nicht die spektakulären Schläge, d. h. solche Schläge, die mit viel Glück zum Punktgewinn führen, eine Rolle, sondern die leichten Schläge. Derjenige, dem die kleinste Anzahl solcher Schläge mißglückt, gewinnt das Spiel.

Einen schwierigen Ball kann man jederzeit verschlagen. Dies ist entschuldbar und verständlich. Andererseits sollte absolut vermieden werden, einen leichten Punkt zu verschenken. Hierbei besteht ein ganz gewaltiger Unterschied: Statt daß Sie den Punkt machen, profitiert Ihr Gegner von Ihrem Fehler.

Obwohl das unvermeidbar erscheint, hüten Sie sich vor dem natürlichen Drang, scheinbar leichte Bälle unkonzentriert zu schlagen.

Während der Spieldauer müssen Sie sich voll und ganz konzentrieren, d. h., Sie dürfen einzig und allein nur an das Spiel denken. Lassen Sie sich durch nichts ablenken. Geben Sie sich ganz dem Spiel hin, kämpfen Sie bis zum Letzten. So werden Sie, ganz gleich, ob Sie als Sieger oder Verlierer den Platz verlassen, immer die Gewißheit haben, daß Sie Ihr Bestes gegeben haben.

ANHANG

Tennis von A–Z

Abmessungen s. Tennisplätze

Altersklassen

Senioren: Mindestalter 19 Jahre am 31. Dezember des Jahres, in dem der Wettbewerb stattfindet
Junioren: a) 2. Jahr: unter 19 Jahren am 31. Dezember
b) 1. Jahr: unter 18 Jahren am 31. Dezember
a) 2. Jahr: unter 17 Jahren am 31. Dezember
b) 1. Jahr: unter 16 Jahren am 31. Dezember
a) 2. Jahr: unter 15 Jahren am 31. Dezember
b) 1. Jahr: unter 14 Jahren am 31. Dezember
unter 13 Jahren am 31. Dezember
Veteranen: Spieler, die im besagten Jahr das 46. Lebensjahr erreichen. Bei den Veteranen gibt es zwei Gruppen:
a) bis zum 55. Lebensjahr
b) über 55 Jahre

Amateur Ein Amateur ist ein Spieler, der für das Spielen und Unterrichten von Tennis weder direkt noch indirekt finanzielle Zuwendungen erhält. Es ist ihm offiziell untersagt, für einen Preis in Form von Bargeld zu spielen. Nur wenn er seinen Verein, seine Liga oder seinen Klub offiziell vertritt, darf er von diesen Reisespesen entgegennehmen.

Was nun die großen Wettbewerbe anbelangt, so gibt es hier keine echten Amateure mehr. Dennoch werden alljährlich die europäischen Amateurmeisterschaften ausgetragen, an denen hauptsächlich die besten Spieler der östlichen Länder teilnehmen. Tennis war der erste Sport, in dem man den sogenannten Scheinamateurismus abgeschafft hat. Im Jahre 1968 wurden »Offene Turniere« erlaubt, in denen die Spieler ihre Geldgewinne über und nicht unter dem Tisch erhielten. Das so auf dem Tennisplatz gewonnene Geld stellt die beste Garantie für die Regelmäßigkeit des Spieles dar.

Antizipation Diese Qualität, die man eigentlich nicht erlernen kann, sollte jeder Tennisspieler besitzen. Die Antizipation ermöglicht, die Absicht des Gegners noch vor Beginn der Schlagbewegung zu erkennen und sich in die richtige Position zu bringen, noch ehe der Ball geschlagen wird. Schauen Sie sich das Spiel von Weltklassespielern an. Sie werden feststellen, daß diese Spieler schon in Position gehen, noch ehe der Gegner den Ball geschlagen hat.

Ärztliche Bescheinigung Sie fühlen sich in bester Verfassung und wollen an Wettbewerben teilnehmen. Dies ist die beste Methode, Fortschritte zu machen. Vergessen Sie jedoch nicht, sich von einem Arzt bescheinigen zu lassen, daß Sie für den Wettbewerb geeignet sind. Ihre Lizenzkarte wird in diesem Fall mit dem Stempel »Wettbewerb« versehen.

Aufschläger Name des Spielers, der aufschlägt.

Aufschlag s. Lektion 6

Aufschlagfeld Feld, in das der Aufschlag geschlagen werden muß.

As Aufschlag, den der Gegner nicht mehr erreichen kann. In England wird ein Unterschied zwischen dem As (gewinnbringender Aufschlag) und dem »vollen As« (Aufschlag, der vom Gegner nicht berührt wird) gemacht.

Ballänge Wenn ein Spieler regelmäßig den Großteil seiner Schläge in die Nähe der gegnerischen Grundlinie setzt, spricht man von einem Spieler mit guter Ballänge.

Ballbegleitung Bewegung nach dem Ballkontakt. Nachdem der Ball geschlagen worden ist, wird er vom Schläger noch weiter in seiner Flugbahn begleitet. Diese Bewegung spielt im gesamten Bewegungsablauf eine große Rolle.

Ballkelle (Speckbrett) Die Ballkelle aus Holz ist ca. 2 cm dick und kann zum Erlernen und zur Perfektionierung der Schlagtechnik verwendet werden. Dieser »Schläger« ist in der Tschechoslowakei weit verbreitet, wo die meisten Spitzenspieler mit der Ballkelle das Spielen begonnen haben.

Ballwurfmaschine Eine Maschine, die Bälle in die gewünschte Richtung katapultiert. Diese Maschine eignet sich besonders für das Erlernen und Perfektionieren von Schlägen und wird oft beim Gruppentraining verwendet. Der Trainer, der dadurch keine Bälle zu schlagen braucht, kann somit intensiver den einzelnen Schüler beobachten. Die Ballwurfmaschinen werden ständig weiterentwikkelt und können fast alle Schläge nachvollziehen.

Band (Netzeinfassung) Das Netz hängt an einem über den Platz gespannten Metallkabel, das in ein weißes Band eingefaßt ist.

Beidhänder Spieler, die ihre Schläge beidhändig ausführen, werden in 2 Hauptgruppen eingeteilt:

1. Spieler, die die Vorhand, die Rückhand oder beide Schläge beidhändig ausführen. Diese Schlagtechnik entwickelt sich gewöhnlich schon in jungen Jahren, wenn es den Spielern schwerfällt, den Schläger mit einer Hand zu halten.
2. Spieler, die gleichzeitig Links- und Rechtshänder sind und somit nur Vorhandschläge ausführen.

Bekleidung Um der Mode gerecht zu werden, würden einige Spieler oder Spielerinnen sicherlich in Jeans oder einem taillierten Hemd spielen. Dies wäre vielleicht hübsch, würde sich aber letzten Endes als Nachteil herausstellen. Die Tenniskleidung, die im Prinzip weiß ist, muß elastisch sein, um genügend Bewegungsfreiheit zu garantieren.

Bereitschaftsstellung Die Position, die man nach der Schlagausführung und dem erneuten Decken des Feldes einnimmt. Diese Bereitschaft sollte mentaler und physischer Natur sein und schnelle Aktionen begünstigen.

Best of five (Beste von fünf) Der Spieler, der in einem Spiel »best of five«, 3 von 5 Sätzen gewonnen hat, ist Sieger. Wenn ein Spieler 3 Sätze hintereinander gewonnen hat, ist das Spiel automatisch zu Ende, da ihn sein Gegner nicht mehr einholen kann. Bei den meisten Wettkämpfen, außer bei den ganz wichtigen Spielen bei den Herren, werden jedoch »best of three« (Beste von drei) gespielt, d. h., derjenige ist Sieger, der 2 von 3 Sätzen gewinnt.

Break (engl.) bedeutet im Deutschen zerbrechen. Im Tennis bedeutet break, daß das Aufschlagspiel des Gegners durchbrochen wurde, d. h., man hat die Möglichkeit, zwei Spiele hintereinander zu gewinnen.

Darm (Schlägerbespannung) Der Naturdarm besitzt eine unvergleichbare Elastizität. Dadurch werden die besten Ergebnisse erzielt. Als Anfänger kann man aber auch Kunstdarm verwenden, der billiger und weniger empfindlich gegen Feuchtigkeit ist.

Davis-Cup s. Tenniswettbewerbe

Decken Nach einem Schlag muß man sofort in die Ausgangsstellung zurückkehren, um den Platz wieder abzudecken.

Doppelfehler Ein Spieler begeht einen Doppelfehler, wenn er beide Aufschläge verschlägt, d. h. den Ball ins Netz schlägt oder nicht ins richtige Aufschlagfeld trifft.

Doppelt berührt (auf dem Schläger) Den Ball mit dem Schläger zweimal berühren. Dies passiert gewöhnlich dann, wenn der Schlag schlecht ausgeführt wird und der Ball an der Bespannung »kleben« bleibt.

Doppelt aufgesprungen (auf dem Boden) Wenn Sie den Ball vor dem Rückschlag zweimal aufspringen lassen, ist der Punkt verloren. Unter normalen Umständen ist dieser Fehler sehr leicht zu erkennen. Die Situation ist jedoch manchmal strittig, wenn der Ball in dem Moment geschlagen wird, da er im Begriff ist, das zweite Mal den Boden zu berühren. Der Schläger berührt in diesem Moment den Boden, und es ist sehr schwer für den Schiedsrichter, eine richtige Entscheidung zu treffen. Der Spieler wäre immer noch am besten in der Lage, dies zu beurteilen, aber er muß nicht immer der ehrlichste sein, oder er trifft ganz einfach ohne böse Absicht eine falsche Entscheidung.

Einstand (deuce) Punktegleichstand beider Spieler (ab 40:40).

Eckkantenflächen Flächen zwischen den Seiten- und Oberkantenflächen des Schlägergriffes.

Ernährung Ganz gleich, welche Spielstärke man besitzt, man ist immer zufrieden, wenn man sein Bestes geben kann. Aus diesem Grund sollten Sie sich auch für Ihre Ernährung interessieren.

Ich rate Ihnen, Ihre letzte Mahlzeit spätestens zwei Stunden vor einem Tennismatch einzunehmen. Falls es sich um ein Frühstück handelt, sollten Sie es anreichern.

Während des Spiels wird eine gemäßigte Flüssigkeitsaufnahme empfohlen (pures Wasser, schwacher Tee, Soda ohne Kohlensäure). Selbst wenn Sie großen Durst haben, sollten Sie die Flasche nicht in einem Zug leeren. Trinken Sie schluckweise. Sie können auch einige Zuckerstücke zerbeißen.

Flugball s. Volley

Forest Hills Eine Tennis-Arena in der Nähe von New York. Dort finden die wichtigsten amerikanischen Meisterschaften statt. Gegenwärtig gibt es dort noch Rasenplätze, die jedoch bald durch Hartplätze ersetzt werden.

Fußfehler Beim Aufschlag darf die Grundlinie mit dem Fuß weder berührt noch überschritten werden. Ein Verstoß gegen diese Regel wird als Fußfehler betrachtet.

Gesetzte Spieler Um zu vermeiden, daß sich die besten Spieler schon am Anfang eines Turniers gegenüberstehen, werden sie vor der Auslosung gesetzt, d. h., sie werden im Turnierplan so plaziert, daß sie sich erst nach einigen Spielen treffen können, z. B. im Viertelfinale, falls es 8 gesetzte Spieler gibt.

Gewichtsverteilung des Schlägers Sie können zwischen folgenden Schlägern wählen:

Schläger mit Kopfgewicht
Schläger mit Griffgewicht
Schläger, die ausgewogen, d. h., im Gleichgewicht sind.

Grand slam Gewinn der Einzel-Meisterschaften von Australien, Frankreich, Wimbledon und den USA innerhalb eines Jahres. Dies gelang bisher nur zwei Spielern, dem Amerikaner Donald Budge im Jahre 1938 und dem Australier Rod Laver zweimal in den Jahren 1962 und 1969.

Griff Schlägerhaltung s. Lektion 1

Griffband Ein Band aus Leder oder Frottee, das um das letzte Stück des Schlägerschaftes gewickelt wird. Dadurch kann der Schläger fest in der Hand gehalten werden.

Grundlinie Die am weitesten vom Netz entfernte Linie, die parallel zu diesem verläuft.

Hängeball s. Lektion 2

Halbflugball (Half Volley) Der Ball wird unmittelbar nach dem Aufsprung zurückgeschlagen. Die Körperhaltung ist fast dieselbe wie beim tiefen Volley.

Handikapturniere Die stärkeren Spieler müssen den schwächeren Spielern Punkte vorgeben, so daß die Siegeschancen einigermaßen ausgeglichen sind.

Hartplatz s. Tennisplätze

Hoher Volley s. Volley

Junioren s. Altersklassen

Kontaktpunkt Der Punkt, wo der Ball mit der Besaitung in Berührung kommt.

Konzentration Auf der Tribüne oder am Platzrand haben Sie, meine Herren, eine hübsche Dame entdeckt, oder Sie, meine Damen, einen netten jungen Herrn. Nach jedem Ballwechsel werfen Sie einen Blick auf die besagte Person, d. h., Sie sind nicht konzentriert, zumindest nicht auf den bevorstehenden Ballwechsel. Dies stellt ein großes Handikap dar. Um seine beste Leistung geben zu können, darf man nur an das Spiel denken und sich durch äußere Umstände auf keinen Fall ablenken lassen. Dasselbe gilt auch, wenn der Schiedsrichter eine Fehlentscheidung getroffen hat. Sagen Sie nichts. Eine Diskussion würde nur dazu führen, daß Sie aus dem Konzept geraten.

Korridor Die beiden Spielflächen links und rechts entlang des Einzelfeldes. Sie werden nur für das Doppel benötigt. Jeder Korridor hat eine Breite von 1,37 m.

Lamellen Der Schlägerschaft eines Holzschlägers wird durch einzelne übereinander geschichtete und verleimte Buche- oder Eschelamellen verstärkt.

Let (engl.) Wiederholung Der Schiedsrichter entscheidet sich für eine Wiederholung, wenn ein Spieler bei seiner Schlagausführung durch Umstände gestört oder behindert wurde, für die er nicht verantwortlich ist. Dieser Punkt muß dann wiederholt werden. Im Falle des Aufschlages findet eine Wiederholung statt, wenn der Ball die Netzkante berührt hat, aber dennoch ins richtige Aufschlagfeld fällt oder wenn der Rückschläger noch nicht bereit war.

Linienrichter Sie werden vom Oberschiedsrichter oder Schiedsrichter ernannt und so plaziert, daß sie die jeweilige Linie genau übersehen können. Dies ist eine schwierige Aufgabe, da die Linienrichter manchmal über mehrere Stunden hinweg die besagte Linie nicht aus den Augen lassen dürfen. Der Linienrichter muß seine Entscheidung laut bekanntgeben und mit der Hand in die Richtung zeigen, in die der Ball ausgegangen ist. Falls für alle Linien Linienrichter eingesetzt werden, wird der Schiedsrichter von 10 Personen unterstützt, abgesehen vom Fußfehlerrichter und Netzrichter, der angibt, ob der Ball beim Aufschlag das Netz berührt hat oder unter dem Netz durch ist.

Lizenz Wenn Sie Mitglied eines angeschlossenen Klubs sind, müssen Sie im Besitz einer Bundeslizenz sein, die gewöhnlich mit einer Versicherung verbunden ist. Sie erhalten sie über Ihren Klub, der sie bei der zuständigen regionalen Liga beantragen muß.

Lob Ein Ball, der in ausreichender Höhe über den sich am Netz befindlichen Gegner geschlagen wird. Der Lob kann auch mit Vorwärtsdrall geschlagen werden. Es ist sehr schwierig, diesen Ball einzuholen, da sich seine Geschwindigkeit nach dem Aufsprung erhöht.

Matchball Wenn ein Spieler nur noch einen Punkt machen muß, um das Match zu gewinnen, nennt man diesen Schlag »Matchball«.

Netz Das Netz soll nicht nur ein Hindernis sein, an dem Sie manchmal Ihre Wut auslassen, es muß auch bestimmte Qualitäten aufweisen:
- Das Netz muß elastisch genug sein, um zu verhindern, daß die ins Netz geschlagenen Bälle auf den Platz rollen.
- Das Netz muß aus viereckigen Maschen (40 × 45 mm) hergestellt sein. Der obere Teil des Netzes soll über eine Breite von 15–20 cm durch doppelte Maschen verstärkt sein. Die weiße Netzeinfassung hat eine Breite von 5–6 cm. Ein 5 cm breiter Netzhalter, der in der Mitte des Netzes vertikal angebracht ist, ermöglicht eine genaue Einstellung der Netzhöhe (0,915 m).
- Die Länge des Netzes, das gewöhnlich aus Garn, Hanf oder Polypropylen hergestellt wird, beträgt für das Doppel 12,80 m und 10,06 m für das Einzel.
- Falls der Platz aus klimatischen Gründen für längere Zeit nicht bespielt wird, ist es ratsam, das Netz abzuhängen.

Netzhalter s. Netz

Nylon (Schlägerbespannung) Für Anfänger kann eine Kunstsaite aus Nylon empfohlen werden, da diese sehr langsam verschleißt und nur ein erfahrener Spieler den Unterschied zwischen einer Kunst- und einer Natursaite feststellen kann. Für feuchte Tage sollten Sie in Ihrer Ausrüstung auf jeden Fall einen Schläger mit Kunstsaite haben.

Oberflächen s. Tennisplätze

Oberschiedsrichter Der Oberschiedsrichter ist für die technische Abwicklung eines Turniers verantwortlich. Er muß die Auslosung gemäß der Teilnehmerzahl, der Spielstärke und der Anzahl der zur Verfügung stehenden Plätze vornehmen. Er muß den Zeitplan für die einzelnen Spiele aufstellen, was nicht immer leicht ist, da sich bestimmte Spieler oft für mehrere Wettkämpfe qualifiziert haben. Des öfteren muß er auch in Streitfällen schlichten, was eine genaue Regelkenntnis voraussetzt. Er ernennt auch die Schieds- und Linienrichter.

Es gibt 4 Kategorien von Oberschiedsrichtern: Schiedsrichter auf Probe, regionale, federale und internationale Schiedsrichter.

Im Davis-Cup hat der Oberschiedsrichter außergewöhnliche Vollmachten. Er kann eine Entscheidung des Linien- oder Schiedsrichters abändern.

Open (Offenes Turnier) Turnier, an dem alle Spieler teilnehmen können, sowohl Profis als auch Amateure.

Parkett s. Tennisplätze

Passierschlag Ein Verteidigungsschlag, wenn der Gegner ans Netz vorgerückt ist. Der Passierschlag kann sowohl long line (d. h. entlang einer der Seitenlinien) oder cross (d. h. diagonal) geschlagen werden.

Polyethylen s. Tennisplätze

Preßsteine s. Tennisplätze

Profis Spieler, die Tennis als Beruf ausüben. Tennisprofis werden in 2 Gruppen geteilt: Turnierspieler und Lehrer.

Rangliste In diese Rangliste werden alle von den klassifizierten Spielern innerhalb eines Jahres erzielten Spielergebnissen eingetragen. Seit 1972 wird diese Rangliste nicht mehr benötigt, da man eine elektronische Datenerfassung eingeführt hat. Sie hat jedoch für die Spieler der ersten Serie, die gewöhnlich viele Spiele im Ausland absolvieren und über die der Elektronenrechner nicht genügend Informationen gespeichert hätte, noch immer Bedeutung.

Rahmenschlag Wenn Sie den Ball mit dem Rahmen treffen, so nennt man dies einen Rahmenschlag. Manchmal sind diese unfreiwilligen Schläge die besten, weil sie sowohl den Gegner als auch einen selbst überraschen.

Rasenplatz s. Tennisplätze

Return (Rückschlag) Bezeichnung des Schlages, mit dem der Aufschlag zurückgespielt wird.

Rückschläger Bezeichnung des Spielers, der den Aufschlag zurückschlägt.

Saitenösen Rund um den Schlägerkopf eines Metallschlägers sind Ösen aus Metall oder Plastik angebracht, um die Bespannung daran zu befestigen.

Satzball Wenn ein Spieler nur noch einen Punkt benötigt, um den Satz zu gewinnen, nennt man diesen Schlag »Satzball«.

Schiedsrichter Der Schiedsrichter sitzt auf einem Hochstuhl in Netzhöhe. Er gibt den jeweiligen Spielstand bekannt und trägt ihn zusammen mit den Entscheidungen der Linienrichter in bestimmte Listen ein.

Falls keine Linienrichter zur Verfügung stehen, übernimmt der Schiedsrichter auch deren Funktion. Er muß ebenfalls darauf achten, daß sich die vorgeschriebene Netzhöhe während des gesamten Spieles nicht verändert und, daß die Spieler die Seiten zum vorgeschriebenen Zeitpunkt richtig wechseln.

Der Schiedsrichter hat ebenfalls das Recht, die Spieler zu verwarnen und einen Linienrichter auszuwechseln, falls er dies für notwendig erachtet. Gegen seine Entscheidungen kann keine Berufung eingelegt werden. Andererseits kann er aber nicht die Entscheidungen der Linienrichter abändern. Es gibt Schiedsrichter auf federaler (nationaler) und regionaler Ebene. Die Bewerber müssen eine Ausbildung von unterschiedlicher Dauer durchlaufen.

Schlägergewicht Das Schlägergewicht muß Ihrem Körperbau und Arm entsprechen. In der Regel muß der Schläger, bespannt mit Griffband, folgendes Gewicht haben:

- für Kinder: 312–342 g
- für Frauen: 342–370 g
- für Männer: 390–410 g

Schlägerspannung Die Schlägerspannung hängt von der Art des Darmes ab. Ein mittelmäßiger Spieler braucht keine allzu harte Bespannung, da diese die Ballführung erschwert. Die durchschnittliche Spannung variiert zwischen 19 und 23 Kilo.

Schlagbewegung Mit Hilfe dieser Bewegung wird der Schläger zum Kontakt mit dem Ball geführt.

Schlagfläche Schlägerbespannung im Moment des Ballkontaktes.

Schleife Beim Aufschlag und Smash die verbindenden Bewegungen zwischen der Vorbereitungsstellung und dem Schlag.

Schuhe Dieser Punkt sollte nicht vernachlässigt werden. Es gibt viele praktische, aber auch viele unpraktische Schuhe. Beim Kauf von Tennisschuhen sollte auf folgendes geachtet werden:
- Der Fuß muß genügend Bewegungsfreiheit haben, und der große Zeh darf vorne nicht anstoßen.
- Die Einlegesohle sollte dick genug sein, um Erschütterungen auffangen zu können.
- Die Ventilation des Fußes muß gewährleistet sein.
- Die Sohle sollte so profiliert sein, daß man damit gut starten, stoppen und sich drehen kann.

Schlägerherz Das Stück zwischen Schaft und Schlägerkopf.

Seitenflächen Flächen des Griffes, die parallel zur Bespannung angeordnet sind.

Schlägerwahl Der Schläger ist der einzige Bestandteil im Tennis, der, im Gegensatz zu den Bällen oder Tennisplätzen, keinen Regeln unterworfen ist. Sie könnten auch mit einem Tischtennisschläger oder einem 3 m großen Schläger auf den Tennisplatz kommen, und keiner könnte Sie daran hindern. Im folgenden geben wir Ihnen jedoch einige Richtlinien, die Sie beim Kauf eines Schlägers beachten sollten.

1. Schlägergewicht

In der nachfolgenden Liste sind die verschiedenen Gewichtsklassen für Schläger aufgeführt. Das Gewicht wird in Unzen oder Buchstaben ausgedrückt. Mit Hilfe dieser Tabelle können Sie das für Sie richtige Schlägergewicht ermitteln. Der Schläger soll sich einerseits leicht bewegen lassen, andererseits aber auch einen gewissen Widerstand beim Schwingen aufweisen, der dem Ball die nötige Beschleunigung gibt.

Das Schlägergewicht versteht sich mit Bespannung und Griffband:

	Kinder	Junioren	Junioren/ Damen	Herren
Unzen	11 1/2–12	12–14	13–13 1/2	13 1/2–14
Gramm	312–342	342–370	370–390	90–410
Buchstaben	L. (light)	L. M. (light/ medium)	M. (medium)	H. (heavy)

2. Größe des Griffes

Innerhalb einer Gewichtsklasse werden verschiedene Griffstärken angeboten. Wenn man einen Schlägergriff ausprobiert, sollte man darauf achten, daß der Griff einem »liegt«. Der Griff sollte so groß wie möglich gewählt werden, wobei man sich an folgende Regel halten sollte: Wenn Sie einen Schlägergriff mit dem Vorhand- oder Rückhandgriff umfassen, sollte der Abstand vom längsten Finger bis zum Handballen ungefähr 1 cm betragen.

3. Gewichtsverteilung des Schlägers

Die Gewichtsverteilung wird festgestellt, indem man den Schläger unmittelbar hinter dem Schlägerkopf auf dem Zeigefinger ausbalanciert (Hälfte der Schlägerlänge). Für einen Grundlinienspieler wird ein Schläger mit Kopfgewicht empfohlen. Für Netzspieler empfiehlt sich ein Schläger mit Griffgewicht, da sich dieser besser durchschwingen läßt.

Für Kinder werden kurze Schläger empfohlen, zwischen 6–8 Jahren 55 cm Schlägerlänge, zwischen 8–11 Jahren 63 cm Schlägerlänge. Diese Schläger haben den Vorteil, daß sie den Hebelarm verkürzen und vom Kind leichter geschwungen werden können. Durch die Kurzschläger werden die Kinder nicht in Versuchung geführt, beim Schlagen die linke Hand zu Hilfe zu nehmen und dadurch beidhändig zu schlagen.

4. Schlägerbespannung

Die Bespannung eines Schlägers spielt eine wichtige Rolle. Eine Nylonbespannung ist widerstandsfähig, preisgünstig und witterungsunempfindlich. Eine Naturdarmbespannung ist elastisch und erleichtert die Ballkontrolle. Sie ist jedoch sehr empfindlich und teuer. Ganz allgemein wird eine Kunstsaite (Nylon) für Anfänger empfohlen. Sobald sich ein Fortschritt einstellt, kann man die Kunstsaite gegen eine Natursaite austauschen lassen.

Senioren s. Altersklassen.

Smash (Schmetterball) Smash kommt aus dem Englischen und bedeutet »zerschlagen«. Name des Schlages, mit dem ein Ball über dem Kopf entweder im Flug oder nach dem Aufsprung geschlagen wird (s. Lektion 7).

Socken Sie sollten aus dickem Material, vorzugsweise aus Wolle sein. Dadurch wird sichergestellt, daß die Füße »atmen« können.

Spannkreuz Wenn Sie den Schläger längere Zeit nicht benutzen, lassen Sie ihn nicht irgendwo ungeschützt herumliegen. Stecken Sie ihn in ein Spannkreuz, damit sich der Rahmen nicht verziehen kann.

Spiel Um ein Spiel für sich zu entscheiden, müssen 4 Punkte gemacht werden, wobei man immer 2 Punkte Vorsprung haben muß. Nach jedem Spiel beginnt man wieder bei 0.

Stopball Der Stop ist ein Schlag, mit dem der Ball knapp hinter das Netz gespielt wird. Um zu verhindern, daß der gespielte Ball zu hoch springt, wird er oft »geschnitten« (s. Lektion 9).

Spielregeln

Das Einzelspiel

Regel 1: Spielfeld, Maße, Ausrüstung

Das Spielfeld bildet ein Rechteck von 23,77 m Länge und 8,23 m Breite. Es wird in der Mitte durch ein Netz in zwei Hälften geteilt, das an einem Seil oder Metallkabel (Maximaldurchmesser 8,5 mm) aufgehängt ist. Die Enden des Seiles oder des Metallkabels sind am oberen Teil von zwei Pfosten von 1,06 m Höhe befestigt oder darüber hinweggeführt; die Pfosten befinden sich auf jeder Seite 0,915 m außerhalb der Seitenlinien. Die Höhe des Netzes beträgt in der Mitte 0,915 m, wo es durch einen Netzhalter (Gurt oder Riemen) gehalten wird, der nicht mehr als 5 cm breit sein darf. Das Seil oder Metallkabel sowie der obere Teil des Netzes ist durch ein Band (Netzeinfassung) eingefaßt, das auf beiden Seiten des Netzes nicht schmaler als 5 cm und nicht breiter als 6,3 cm sein darf.

Die Linien, die das Spielfeld an den Enden und den Seiten begrenzen, werden als Grundlinien oder Seitenlinien bezeichnet. Auf beiden Seiten des Netzes, in einem Abstand von je 6,40 m und prallel zum Netz, werden die als Aufschlaglinien bezeichneten Linien gezogen. Der vom Netz, der Aufschlaglinie und den Seitenlinien begrenzte Raum wird durch die Aufschlagmittellinie in zwei gleiche Teile geteilt, die Aufschlagfelder genannt werden. Die Aufschlagmittellinie muß 5 cm breit sein und wird parallel zu den Seitenlinien gezogen.

Jede Grundlinie wird durch eine als Fortsetzung der Aufschlagmittellinie gedachte, 10 cm lange und 5 cm breite Linie, genannt das Mittelzeichen, in zwei Hälften geteilt. Das Mittelzeichen wird innerhalb des Spielfeldes im rechten Winkel zur Grundlinie und in Verbindung mit derselben gezogen. Alle übrigen Linien sollen nicht weniger als 2,5 cm und nicht mehr als 5 cm breit sein, ausgenommen die Grundlinie, die 10 cm breit sein darf. Alle Maße müssen von der äußeren Seite der Linien gemessen werden.

Regel 2: Ständige Einrichtungen

Als ständige Einrichtungen des Platzes gelten nicht nur das Netz, die Pfosten, das Seil oder Metallkabel, die Netzeinfassung und der Netzhalter, sondern auch, sofern vorhanden, die hintere und seitliche Einzäunung, die Tribünen, feste oder bewegliche Sitze und Stühle rund um das Spielfeld sowie alle anderen festen Einrichtungen ringsum oder über dem Spielfeld. Das gleiche trifft auch für den Schiedsrichter, die Linienrichter, Fußfehlerrichter zu, sofern sie sich auf den ihnen zugewiesenen Plätzen befinden.

ANMERKUNG: Im Sinne dieser Regel schließt das Wort »Schiedsrichter« außer diesem auch diejenigen Personen ein, die ihm als dafür bestimmte Helfer bei der Durchführung des Spiels behilflich sind.

Regel 3: Bälle

Die äußere Hülle des Balles muß glatt und nahtlos sein. Der Durchmesser des Balles darf nicht weniger als 6,35 cm und nicht mehr als 6,67 cm, das Gewicht nicht weniger als 56,70 Gramm und nicht mehr als 58,47 Gramm betragen. Der Ball muß eine Mindestsprunghöhe von 1,35 m und eine höchste Sprunghöhe von 1,475 m haben, wenn er bei einer Temperatur von 20 Grad Celsius aus einer Höhe von 2,54 m auf eine harte Unterlage fallen gelassen wird. Die Deformierung des Balles darf nicht weniger als 0,673 cm und nicht mehr als 0,736 cm betragen, wenn er einem Druck von 8,163 kg in der Richtung irgendeines Durchmessers bei einer Temperatur von 20 Grad Celsius unterworfen wird.

Regel 4: Aufschläger, Rückschläger

Die Spieler stellen sich auf den gegenüberliegenden Seiten des Netzes auf. Der Spieler, der den Ball zuerst aufschlägt, heißt Aufschläger (Server), der andere Rückschläger (Receiver).

Regel 5: Aufschlagwahl, Seitenwahl

Die Seitenwahl und die Wahl zwischen Aufschlag und Rückschlag im ersten Spiel werden durch das Los entschieden. Wenn der Losgewinner zwischen Aufschlag und Rückschlag wählt, so fällt seinem Gegner die Seitenwahl zu. Falls der Losgewinner für sich die Seitenwahl in Anspruch nimmt, so steht seinem Gegner die Wahl zwischen Aufschlag und Rückschlag zu. Der Losgewinner kann, falls er dies vorzieht, von seinem Gegner die erste Wahl verlangen.

Regel 6: Aufschlag

Der Aufschlag ist in folgender Weise auszuführen: Unmittelbar vor Beginn des Aufschlages muß der Aufschläger mit beiden Füßen in Ruhestellung hinter der Grundlinie (d. h. weiter vom Netz als die Grundlinie), zwischen der gedachten Verlängerung des Mittelzeichens und der Seitenlinie, stehen. Der Aufschläger hat nun den Ball mit der Hand in beliebiger Richtung in die Luft zu werfen und ihn mit dem Schläger zu schlagen, bevor er den Boden berührt. Im Augenblick der Berührung des Schlägers mit dem Ball gilt der Aufschlag als erfolgt. Ein Spieler, der nur einen Arm benutzen kann, darf den Ball mit dem Schläger zwecks Aufschlag in die Luft werfen.

Regel 7: Fußfehler

Während des Aufschlags darf der Aufschläger:

a) seine Stellung weder durch Gehen noch durch Laufen verändern;

b) weder mit dem einen noch mit dem anderen Fuß irgendwie das Spielfeld berühren noch sich anders als hinter der Grundlinie innerhalb der gedachten Verlängerung der Mittelmarke und der Seitenlinien befinden.

ANMERKUNG: Die folgende Erläuterung der Regel 7 wurde von der Internationalen Federation am 9. Juli 1958 wie folgt gebilligt:

Zu a): Unbedeutende Bewegungen der Füße, die sich nicht wesentlich auf die Stellung des Aufschlägers, die dieser ursprünglich eingenommen hat, auswirken, sollen nicht als »Veränderung seiner Stellung durch Gehen oder Laufen« angesehen werden.

Zu b): Unter »Fuß« ist im Sinne dieser Regel das untere Glied der Beine unterhalb der Knöchel zu verstehen.

Regel 8: Seitenwechsel beim Aufschlag

a) Beim Aufschlag hat der Aufschläger abwechselnd hinter der rechten und hinter der linken Hälfte des Platzes zu stehen, beginnend mit der rechten Hälfte in jedem Spiel. Wenn der Aufschlag von einer falschen Hälfte des Spielfeldes aus erfolgt und dieses nicht bemerkt worden ist, so sollen alle aus solchem Aufschlag oder solchen Aufschlägen resultierenden Ergebnisse bestehen bleiben, jedoch die falsche Handhabung von da an, wo sie bemerkt wurde, sofort berichtigt werden.

b) Der Aufschlagball muß das Netz überfliegen und den Boden innerhalb des schräg gegenüberliegenden Aufschlagfeldes oder eine der Linien berühren, die dieses Feld begrenzen, bevor der Rückschläger den Ball zurückschlägt.

Regel 9: Aufschlagfehler

Der Aufschlag gilt als Fehler:

a) wenn der Aufschläger gegen eine der Regeln 6, 7 oder 8 verstößt;

b) wenn er den Ball bei dem Versuch, ihn zu schlagen, verfehlt;

c) wenn der Aufschlagball, bevor er den Boden berührt, eine der festen Einrichtungen des Platzes trifft, mit Ausnahme des Netzes, der Netzeinfassung oder des Netzhalters.

Regel 10: Zweiter Aufschlagball

Nach einem Fehler (wenn es der erste ist) hat der Aufschläger das Recht auf einen weiteren Aufschlag von derselben Seite des Platzes aus, wo er den ersten geschlagen hat, ausgenommen, der Aufschlag war von der falschen Seite aus erfolgt. In Übereinstimmung mit Regel 8 soll der Aufschläger dann das Recht auf nur einen Aufschlagball von der anderen Seite (Hälfte) aus haben. Nachdem der nächste Aufschlag erfolgt ist, kann ein früherer Fehler nicht mehr geltend gemacht werden.

Regel 11: Spielbereitschaft

Der Aufschläger darf nicht servieren, bevor der Rückschläger bereit ist. Versucht der Rückschläger, den Aufschlagball zurückzugeben, so gilt er als spielbereit. Gibt hingegen der Rückschläger zu erkennen, daß er nicht bereit ist, so kann er keinen Aufschlagfehler geltend machen, wenn der Ball nicht den Boden innerhalb des für den Aufschlag bestimmten Feldes berührt hat.

Regel 12: Wiederholungen

In allen Fällen, wo die Wiederholung eines Balles gemäß den Regeln oder eine Unterbrechung des Spiels zugestanden wird, soll folgende Handhabung gelten:

a) wenn die Entscheidung lediglich in bezug auf den Aufschlag erfolgt, soll nur ein Aufschlagball nachgespielt werden;

b) erfolgt die Entscheidung in bezug auf irgendwelche anderen Umstände, soll der Punkt wiederholt werden.

Regel 13: Ungültiger Aufschlag

Der Aufschlag ist zu wiederholen:

a) wenn der aufgeschlagene Ball das Netz, die Netzeinfassung oder den Netzhalter berührt, vorausgesetzt, daß er sonst richtig fällt, oder – bevor er den Boden berührt – nach Berührung des Netzes, der Netzeinfassung oder des Netzhalters den Rückschläger oder irgend etwas trifft, was dieser an sich hat oder trägt.

b) wenn der Aufschlag (ob er nun gut oder schlecht ausfällt) ausgeführt worden ist, bevor der Rückschläger bereit war (s. Regel 11).

In diesem Falle zählt der Aufschlag nicht, und der Aufschläger muß ihn nochmals wiederholen; durch eine solche Wiederholung wird aber ein vorhergegangener Aufschlagfehler nicht annulliert.

Regel 14: Aufschlagwechsel

Nach Beendigung des ersten Spiels wird der Rückschläger zum Aufschläger und so fort, abwechslungsweise für alle nachfolgenden Spiele einer Partie. Schlägt ein Spieler in falscher Reihenfolge auf, so soll derjenige Spieler, der an der Reihe des Aufschlags gewesen wäre, aufschlagen, sobald das Versehen festgestellt ist; alle vor dieser Feststellung gespielten Punkte bleiben gültig. Ist ein

Spiel bereits beendet, bevor der Irrtum entdeckt wurde, so bleibt die veränderte Aufschlagordnung bestehen, aber ein vor der Entdeckung geschlagener Aufschlagfehler soll nicht zählen.

Regel 15: Ball im Spiel

Ein Ball ist im Spiel, sobald er aufgeschlagen ist, ausgenommen bei einem Aufschlagfehler oder einem zu wiederholenden Aufschlag, und bleibt im Spiel, bis der Punkt entschieden ist.

Regel 16: Punkt für den Aufschläger

Der Aufschläger gewinnt den Punkt:

a) wenn der aufgeschlagene Ball, soweit er kein Wiederholungsball nach Regel 13 ist, den Rückschläger oder irgendeinen Gegenstand, den dieser trägt oder hält, berührt, bevor er den Boden trifft;

b) wenn der Rückschläger den Punkt auf andere Weise gemäß Regel 18 verliert.

Regel 17: Punkt für den Rückschläger

Der Rückschläger gewinnt den Punkt:

a) wenn der Aufschläger zwei aufeinanderfolgende Aufschlagfehler macht;

b) wenn der Aufschläger auf andere Weise gemäß Regel 18 den Punkt verliert.

Regel 18: Punktverlust

Ein Spieler verliert den Punkt:

a) wenn er den im Spiel befindlichen Ball nicht direkt über das Netz zurückschlägt, bevor dieser den Boden zweimal hintereinander berührt hat (ausgenommen die Fälle nach Regel 22a oder c);

b) wenn er den im Spiel befindlichen Ball so zurückschlägt, daß dieser den Boden, eine ständige Einrichtung oder einen anderen

Gegenstand außerhalb derjenigen Linien trifft, die das Spielfeld des Gegners begrenzen (ausgenommen die Fälle nach Regel 22a und c);

c) wenn er den Ball im Fluge nimmt und einen Fehler macht, gleichgültig, ob er außerhalb des Spielfeldes steht;

d) wenn er den im Spiel befindlichen Ball mehr als einmal mit seinem Schläger berührt oder schlägt;

e) wenn er oder sein Schläger (gleichgültig, ob er diesen in der Hand trägt oder nicht) oder irgend etwas, das er an sich hat oder trägt oder hält, das Netz, die Pfosten, das Seil oder Metallkabel, die Netzeinfassung, den Netzhalter oder den Boden im Spielfeld seines Gegners berührt, während der Ball im Spiel ist;

f) wenn er den Ball als Flugball nimmt, bevor dieser das Netz überflogen hat;

g) wenn der im Spiel befindliche Ball ihn oder irgend etwas, das er an sich hat oder trägt, berührt, ausgenommen den Schläger in seiner Hand oder in seinen Händen;

h) wenn er seinen Schläger nach dem Ball wirft und den Ball berührt.

Regel 19: Behinderung des Gegners

Wenn ein Spieler, bewußt oder unwillkürlich, eine Handlung begeht, die nach der Auffassung des Schiedsrichters den Gegner bei der Ausführung des Schlages hindert, muß der Schiedsrichter im ersten Fall den Punkt dem Gegner zusprechen, im zweiten Fall den Punkt wiederholen lassen.

Regel 20: Linienball

Fällt der Ball auf eine Linie, so gilt er als auf das von der Linie begrenzte Spielfeld gefallen.

Regel 21: Berührung einer ständigen Einrichtung

Berührt der im Spiel befindliche Ball eine ständige Einrichtung des Platzes (außer Netz, Pfosten, Seil oder Metallkabel, Netzeinfassung oder Netzhalter), nachdem er den Boden getroffen hat, so gewinnt der Spieler, der ihn geschlagen hat, den Punkt, während, bevor er den Boden getroffen hat, der Gegner den Punkt gewinnt.

Regel 22: Guter Rückschlag

Die Rückgabe des Balles gilt als gut:

a) wenn der Ball das Netz, die Pfosten, das Seil oder Metallkabel, die Netzeinfassung oder den Netzhalter berührt, vorausgesetzt, daß er oberhalb derselben passiert und den Boden innerhalb des Spielfeldes trifft;

b) wenn der aufgeschlagene oder zurückgegebene Ball den Boden innerhalb des richtigen Spielfeldes trifft und über das Netz zurückspringt oder zurückgeweht wird und der Spieler, der zum Schlagen an der Reihe ist, über das Netz reicht und den Ball spielt, vorausgesetzt, daß weder er selbst noch irgendein Teil seiner Kleidung oder sein Schläger das Netz, die Pfosten, das Seil oder Metallkabel, die Netzeinfassung oder den Netzhalter oder den Boden innerhalb des Spielfeldes seines Gegners berührt, und vorausgesetzt, daß der Schlag in jeder anderen Hinsicht gültig ist;

c) wenn der Ball an der Außenseite des Pfostens vorbei zurückgeschlagen wird, sei es über oder unter der oberen Kante des Netzes, selbst wenn er den Pfosten berührt, vorausgesetzt, daß er den Boden des richtigen Spielfeldes trifft;

d) wenn der Spieler mit seinem Schläger über das Netz reicht, nachdem er den Ball zurückgeschlagen hat, vorausgesetzt, daß der Ball das Netz überflogen hatte, ehe er geschlagen wurde, und auch sonst ordnungsgemäß zurückgeschlagen wird;

e) wenn es einem Spieler gelingt, den Aufschlagball oder den im Spiel befindlichen Ball zurückzuschlagen, nachdem dieser einen anderen im Spielfeld liegenden Ball getroffen hat.

Regel 23: Behinderung

Wird einer der Spieler durch irgend etwas, auf das er keinen Einfluß hat, ausgenommen durch eine der ständigen Einrichtungen des Spielfeldes oder durch eine in der Regel 19 genannten Ausnahmen, im Schlagen behindert, so soll der Ball nochmals gespielt werden.

Regel 24: Zählweise

Gewinnt ein Spieler den ersten Punkt, so zählt dies 15 zu seinen Gunsten; gewinnt er seinen zweiten Punkt, so zählt dies 30 zu seinen Gunsten; gewinnt er seinen dritten, so zählt dies 40 zu seinen Gunsten; und der vierte von einem Spieler gewonnene Punkt ist für ihn gewonnenes Spiel mit folgenden Ausnahmen:

Wenn beide Spieler 3 Punkte gewonnen haben, so wird dies als Ausgleich (deuce oder Einstand) bezeichnet, und der nächste von einem Spieler gewonnene Punkt zählt Vorteil zu seinen Gunsten. Gewinnt derselbe Spieler den nächsten Punkt, gewinnt er das Spiel; gewinnt aber der andere Spieler den nächsten Punkt, so wird der Spielstand wieder mit Einstand bezeichnet und so weiter, bis einer der Spieler die beiden auf Einstand folgenden Punkte hintereinander gewinnt, wobei er das Spiel gewonnen hat.

Regel 25: Satzgewinn

Ein Spieler (oder die Spieler), der zuerst sechs Spiele gewinnt, hat den Satz gewonnen. Aber er muß mit einem Unterschied von zwei Spielen mehr, als sein Gegner hat, gewinnen, da jeder Satz so lange gespielt werden muß, bis dieser Unterschied erreicht ist.

Regel 26: Seitenwechsel

Die Spieler wechseln die Seiten nach dem ersten, dritten und jedem folgenden ungeraden Spiel eines jeden Satzes sowie am Ende eines jeden Satzes, außer wenn die Gesamtzahl der Spiele dieses Satzes eine gerade ist, in welchem Fall der Wechsel erst nach dem ersten Spiel des nächsten Satzes stattfindet.

Regel 27: Satzhöchstzahl

Die Höchstzahl der Sätze eines Wettspiels darf fünf, bei Mitspielen von Damen drei betragen.

Regel 28: Damen

Soweit nicht ausdrücklich anders bestimmt wird, ist in diesen Regeln überall da, wo vom männlichen Geschlecht die Rede ist, auch das weibliche Geschlecht inbegriffen.

Regel 29: Schiedsrichter, Oberschiedsrichter

In Wettspielen, für welche ein Schiedsrichter ernannt ist, ist dessen Entscheidung endgültig; wenn ein Oberschiedsrichter ernannt ist, kann eine Berufung über die Entscheidung des Schiedsrichters in Rechtsfragen bei ihm eingelegt werden; in allen diesen Fällen ist die Entscheidung des Oberschiedsrichters endgültig.

In Spielen, wo dem Schiedsrichter Hilfskräfte beigegeben sind (Linienrichter, Netzrichter, Fußfehlerrichter), sollen deren Entscheidungen in Tatfragen endgültig sein. Falls ein solcher Nebenrichter außerstande ist zu entscheiden, muß er dieses dem Schiedsrichter unverzüglich anzeigen, welcher dann eine Entscheidung zu treffen hat. Falls der Schiedsrichter außerstande ist, eine Entscheidung in einer Tatfrage zu treffen, soll er auf Wiederholung des Punktes entscheiden. Nur in Davis-Cup-Matches kann eine Entscheidung eines Hilfsrichters des Schiedsrichters, wenn er außerstande war, eine Entscheidung zu treffen, oder des Schiedsrichters selbst durch den Oberschiedsrichter geändert werden. Dieser kann auch den Schiedsrichter bevollmächtigen, die Entscheidung des Nebenrichters zu ändern oder zu entscheiden, daß der Punkt wiederholt wird.

Der Oberschiedsrichter kann jederzeit nach seinem Ermessen für ein Wettspiel auf Grund der Dunkelheit, der Witterung oder des Zustandes des Platzes Aufschub eines Matches anordnen. In jedem Fall der Aufschiebung sollen der vorhergehende Spielstand und die vorherige Belegung der Plätze Geltung behalten, ausgenommen, daß der Oberschiedsrichter und die Spieler sich einmütig anders einigen.

Regel 30: Unterbrechungen

Es soll vom ersten Aufschlag bis zum Schluß des Wettspiels ohne Unterbrechung gespielt werden mit dem Vorbehalt, daß jeder Spieler nach Beendigung des dritten Satzes oder, wenn Damen mitspielen, des zweiten Satzes das Recht auf eine Ruhepause hat, welche 10 Minuten nicht überschreiten soll. In Ländern, die zwischen 15 Grad nördl. Breite und 15 Grad südl. Breite liegen, soll diese Pause nicht länger als 45 Minuten dauern. Unter Umständen kann die Pause auch weiterhin verlängert und vom Oberschiedsrichter auf die von ihm für notwendig erachtete Dauer ausgedehnt werden, wenn Umstände, auf welche die Spieler keinen Einfluß haben, eine solche Unterbrechung notwendig machen. Wenn ein unterbrochenes Wettspiel erst an einem der folgenden Tage beendet wird, darf die Ruhepause erst nach dem dritten an diesem Tage gespielten Satz verlangt werden (und wenn Damen mitspielen, nach dem zweiten Satz); die Beendigung eines begonnenen Satzes zählt als Satz. Diese Bestimmungen sind genau einzuhalten. Ein begonnenes Wettspiel soll niemals unterbrochen, verzögert oder gestört werden, um einen der Spieler ausruhen oder Atem schöpfen oder Anleitungen oder Ratschläge entgegennehmen zu lassen. Der Schiedsrichter allein entscheidet über solche Art Unterbrechung oder Verzögerung oder Störung und kann den Schuldigen nach ordnungsgemäßer Verwarnung disqualifizieren.

Das Doppelspiel

Regel 31:

Die obigen Regeln gelten auch für das Doppelspiel, mit folgenden Ausnahmen:

Regel 32: Ausmaße des Spielfeldes

Das Spielfeld für das Doppelspiel beträgt in der Breite 10,97 m, d. h. 1,37 m auf jeder Seite mehr als das Spielfeld für das Einzelspiel. Diejenigen Teile der Einzelspielseitenlinien, die zwischen den beiden Aufschlaglinien liegen, werden Aufschlag-Seitenlinien genannt. In jeder anderen Hinsicht soll das Spielfeld genau das gleiche sein, wie es Regel 1 beschreibt. Diejenigen Teile der Einzelspiel-Seitenlinien, die zwischen Grundlinie und Aufschlaglinie liegen, können auf beiden Seiten des Netzes fortgelassen werden.

Regel 33: Reihenfolge des Aufschlags

Die Reihenfolge des Aufschlags soll zu Beginn eines jeden Satzes folgendermaßen entschieden werden:

Dasjenige Paar, das das Recht zum Aufschlag im ersten Spiel eines jeden Satzes hat, soll entscheiden, welcher Partner mit dem Aufschlag beginnen soll. Das gegnerische Paar hat dasselbe Recht für das zweite Spiel. Der Partner desjenigen Spielers, der im ersten Spiel aufschlug, hat im dritten Spiel aufzuschlagen. Der Partner desjenigen Spielers, der im zweiten Spiel aufschlug, hat im vierten Spiel aufzuschlagen und so fort, abwechselnd in dieser Reihenfolge in allen folgenden Spielen eines Satzes.

Regel 34: Reihenfolge des Rückschlages

Die Reihenfolge der Rückschlägerpartei bezüglich des Aufschlags soll zu Beginn jeden Satzes folgendermaßen entschieden werden: Das Paar, das im ersten Spiel den Aufschlag zurückgeschlagen hat, muß entscheiden, welcher Partner den ersten Aufschlag zum Rückschlag empfängt, und dieser Spieler hat weiterhin während der Dauer des Spiels in jedem ungeraden Spiel während des Satzes den ersten Aufschlag zu empfangen. Das gegnerische Paar soll gleicherweise entscheiden, welcher Partner in dem zweiten Spiel den ersten Aufschlag empfangen und zurückschlagen soll. Diese Reihenfolge hat dann ebenfalls während der Dauer des Satzes, aber in jedem geraden Spiel, unverändert zu bleiben. Die Partner erwarten die Aufschlagbälle das ganze Spiel hindurch abwechselnd.

Regel 35: Falsche Reihenfolge beim Aufschlag

Wenn ein Spieler irrtümlicherweise aufschlägt, ohne daß die Reihe an ihm ist, so soll, sobald der Irrtum entdeckt wird, derjenige Spieler unmittelbar aufschlagen, an dem die Reihe eigentlich gewesen wäre. Die bereits gespielten Punkte und jeder vor der Entdeckung des Irrtums erfolgte Aufschlagfehler werden trotzdem gerechnet. Wird der Irrtum erst zu Ende eines Spiels bemerkt, so soll die veränderte Reihenfolge des Aufschlags beibehalten werden.

Regel 36: Falsche Reihenfolge beim Rückschlag

Wird während eines Spiels die Reihenfolge im Zurückschlagen des Aufschlags von der rückschlagenden Partei geändert, so bleibt diese geänderte Reihenfolge bis zum Ende des Spiels, in dem der Irrtum entdeckt wurde; die Partner müssen aber im nächsten Spiel, in dem sie wieder Rückschläger sind, die ursprüngliche Reihenfolge wieder einhalten.

Regel 37: Aufschlagfehler

Der Aufschlag gilt als Fehler in den Fällen der Regel 9 oder wenn der aufgeschlagene Ball den Partner des Aufschlägers berührt oder irgend etwas, was er trägt oder hält. Wenn jedoch der aufgeschlagene Ball, bevor er den Boden berührt – ausgenommen, er ist ein Netzball gemäß Regel 13a –, den Partner des Rückschlägers oder irgend etwas, was er trägt oder hält, berührt, so gewinnt der Aufschläger den Punkt.

Regel 38: Abwechselndes Schlagen der Parteien

Der Aufschlagball soll abwechselnd von einem der beiden Spieler der gegnerischen Paare geschlagen werden. Wenn ein Spieler in Verletzung dieser Regel den im Spiel befindlichen Ball mit seinem Schläger berührt, so gewinnen seine Gegner den Punkt.

Tandemaufstellung Es handelt sich hier um ein Stellungsspiel beim Doppel. Um den Gegner zu irritieren, ist es von Zeit zu Zeit notwendig, die traditionelle Stellung zu wechseln. Diese Stellung sollte besonders dann eingenommen werden, wenn der Gegner besser cross als longline returniert, wenn der Aufschläger auf der einen Seite einen besseren Volley aus Halbdistanz schlägt als auf der anderen Seite, wenn ein Linkshänder in der Mannschaft ist oder nur, um den Rhythmus des Rückschlägers zu stören.
In diesen Fällen kann sich die Tandemaufstellung als wirkungsvoll erweisen. Der Aufschläger steht sehr nahe am Mittelzeichen der Grundlinie, um schnell ins andere Halbfeld zu gelangen. Sein Partner steht im selben Halbfeld nahe der Mitte, um die Fläche gegen den Rückschläger abzudecken.

Tennisarm (Tennisellbogen) Eine gefürchtete und häufig auftretende Verletzung bei Tennisspielern. Sie ist auf eine schlechte Schlägerhaltung zurückzuführen und wird oft durch eine intensive Muskelbeanspruchung hervorgerufen. Die Schmerzen treten meistens mehr oder minder stark am Ellbogen auf. Diese Verletzung kann dazu führen, daß man eine Zeitlang nicht mehr Tennis spielen kann. Eine Ruhepause sowie eine anschließende Verbesserung der Grifftechnik stellen die besten Heilmittel dar.

Tennisplätze Als ständige Einrichtung des Platzes gelten das Netz, die Pfosten, das Seil oder Metallkabel, die Netzeinfassung und der Netzhalter, die hintere und seitliche Einzäunung, die Tribüne, feste oder bewegliche Sitze und Stühle rund um das Spielfeld mitsamt deren Inhabern. Falls Sie in der glücklichen Lage sind, sich selbst einen Tennisplatz leisten zu können, geben wir Ihnen einige nützliche Ratschläge.

Suchen Sie sich eine möglichst ebene Fläche aus, damit größere Planierarbeiten vermieden werden können. Bauen Sie den Tennisplatz nicht in die Nähe von Bäumen oder Blumenbeeten, da Sie sonst mehr Zeit mit dem Fegen des Tennisplatzes als mit Tennisspielen verbringen. Sie sollten den Tennisplatz auch nicht in die Nähe eines Schwimmbades bauen, da versickerndes Wasser die Stabilität des Bodens beeinträchtigen könnte.

Wenn Sie vermeiden wollen, daß sich der Verlierer ständig über die Lichtverhältnisse beklagt und, daß Sie ständig von der Sonne geblendet werden, bauen Sie die Plätze auf der Längsachse Nord-Süd. Sie können dadurch zwar nicht alle negativen Einflüsse ausschalten, haben aber dennoch die beste Lösung gefunden. Dies wären die Ratschläge in bezug auf den Standort des Tennisplatzes. Jetzt müssen Sie sich noch für eine Oberfläche entscheiden. Diese Frage wird für alle Tennisspieler von Interesse sein, denn man sollte alle Oberflächen kennen.

Es gibt zwei Hauptarten von Oberflächen:

1. Oberflächen, die Wartung benötigen
2. Oberflächen, die keine Wartung benötigen (Allwetterplätze).

Tennisplätze, deren Oberfläche gewartet werden muß

Rasenplatz

Wir erwähnen den Rasenplatz mehr aus geschichtlichen als aus praktischen Gründen, denn die Rasenplätze sind so empfindlich, daß sie praktisch kaum unterhalten werden können.

Zunächst ist es sehr schwierig, einen Rasenplatz zu bauen, und es ist fraglich, ob man eines Tages die gleiche Rasenqualität wie in Wimbledon vorfindet. Die Anzahl der Rasenplätze, auf denen die ersten Tennisturniere gespielt wurden (daher der Name Lawn Tennis [engl.] Rasenplatz) geht zudem ständig zurück. Selbst in Forest Hills befaßt man sich mit dem Gedanken, die Rasenplätze durch Hartplätze zu ersetzen. In gewisser Hinsicht ist dies bedauerlich, da die Oberfläche von Rasenplätzen äußerst fußfreundlich ist. Auf der anderen Seite kann man sie kaum als praktisch bezeichnen, da sie sich sehr schnell abnutzen und schon nach den ersten Regentropfen sehr rutschig werden. Außerdem ist es nicht einfach, auf Rasen zu spielen, da der Ball schnell und flach abspringt.

Asche- oder Rotgrandplatz

Sie sind zwar billiger als Rasenplätze, benötigen aber eine aufwendige Wartung und können erst Stunden nach einem starken Regen wieder bespielt werden. Frost bekommt diesem Boden überhaupt nicht und macht ihn von Oktober bis Mai unbespielbar. Beim Spielen sieht man lediglich den roten Sand.

Die Oberfläche von Aschenplätzen besteht jedoch aus mehreren Schichten wie: Torf oder Flußsand, Kies, Schotter, gesiebter Schlacke oder hartem gemahlenen Kalkstein und als Abschluß feingemahlenem Ziegelmehl oder rotem Sand. Diese Plätze müssen am Anfang der Saison instand gesetzt und das ganze Jahr über gewartet werden.

Tennisplätze, deren Oberfläche keine Wartung benötigt (Allwetterplätze)

Sie erfreuen sich immer größerer Beliebtheit, da sie eine ganze Reihe von Vorteilen aufweisen: fast keine Wartung, das ganze

Jahr bespielbar (selbst nach einem Regen). Zudem garantieren sie einen gleichbleibenden Absprung des Balles. Andererseits ergeben sich folgende Nachteile: Bälle und Schuhe verschleißen schneller, und Sie werden schneller müde.

Man versucht jedoch zur Zeit, diese Plätze zu verbessern, indem man weichere Oberflächen aus Kunststoff verwendet. Die Allwetterplätze werden in zwei Kategorien geteilt:

Poröse und nichtporöse Plätze.

Nichtporöse Plätze

Es wurden 4 Oberflächen zugelassen: Zement, klassischer Asphalt, bituminös gebundenes Material, Elastomer

Poröse Plätze

Gegenwärtig werden folgende Oberflächen anerkannt: Beton, poröser Preßstein, perforierte Leichtbetonplatten, perforierte Preßsteinplatten, gepreßtes oder gespritztes Polyethylen, Elastomer

Hallenplätze

Bis jetzt haben wir nur von Plätzen im Freien gesprochen. Zum Glück gibt es auch immer mehr Hallenplätze. Auch hier gibt es neue Oberflächen, die die Nachfolge der traditionellen Parkettböden angetreten haben.

1. Parkettboden: Dies ist ein sehr schneller Boden. Gewöhnlich wird Eichen- oder Kastanienholz verwendet, das man mit einer grünen rutschfesten Farbe anstreicht.

2. Kunststoff- und Preßsteinbeläge. Diese Beläge wurden schon im Rahmen der Freiplätze erwähnt.

3. Teppichboden. Dieser Belag ist relativ weich und angenehm zu bespielen. Er ist jedoch sehr schnell.

Alle Plätze haben folgende Abmessungen:
Länge: 23,77 m
Breite: 10,97 m (8,23 m für das Einzel)

Netzhöhe (Mitte): 0,915 m
Länge zwischen Netz und Aufschlaglinie: 6,40 m
Breite der Linie: 50 mm (außer Grundlinie, die 100 mm breit sein kann)
Breite des Doppelkorridors: 1,37 m
Länge und Breite über alles: 36 m x 18 m

Tenniswand Viele Spitzenspieler haben ihre Karriere an der Tenniswand begonnen. Glauben Sie bitte nicht, daß sich hierfür die erste beste Wand eignet. Die Tenniswand muß zwei Anforderungen entsprechen. Die Oberfläche sollte glatt sein, und vor der Wand sollte sich ein richtiger Boden befinden. Ideal wäre es, wenn die Wand leicht nach hinten geneigt wäre (ca. 10 %). Dadurch würde der Ball in einer höheren Flugbahn abspringen und die Vorbereitung für den nächsten Schlag erleichtern. So einfach dies auch klingen mag, die Tenniswand ist ein wichtiges Hilfsmittel für Spieler aller Stärken. Sie können an der Wand Auge und Reflexe schulen. Bedenken Sie aber auch, daß der Ball doppelt so schnell wie beim normalen Ballwechsel auf dem Tennisplatz zurückkommt.

Man kann sich dadurch eine schlechte Schläger- oder Körperhaltung angewöhnen. Schlagen Sie nicht zu hart gegen die Wand, und versuchen Sie, Ihre Bewegungen zu koordinieren. Es wäre noch zu bemerken, daß es auch »mobile Wände« gibt, d. h. ein Netz, das durch Federn in einem Rahmen gehalten wird.

Tie-break Der Tie-Break (engl. = den Kampf einstellen) ist das letzte Spiel in einem Satz oder Match. Der Tie-Break stellt eine relativ neue Regelung dar und wird immer mehr angewendet.

Die Tie-Break-Regel wird angewendet, wenn der Spielstand 6:6 oder 8:8 beträgt. Die Spieler servieren nacheinander, bis eine maximale Anzahl von Punkten erreicht ist: 9 oder 12. In bestimmten Fällen sind 2 Punkte Vorsprung notwendig. Derjenige Spieler, der den »Tie-Break« für sich entscheidet, gewinnt den Satz, ohne daß zwei Spiele Vorsprung notwendig wären. Das Ergebnis lautet dann z. B. 7:6 oder 9:8.

Tiefer Volley s. Volley.

Umlaufen (eines Schlages) Ein nicht allzu schneller Ball wird auf Ihre Rückhandseite gespielt. Da Sie sich jedoch auf Ihre Rückhand nicht verlassen können und einen Fehlschlag befürchten, ziehen Sie es vor, diesen Ball mit der Vorhand zu schlagen. Sie »umlaufen« also den Ball in irgend einer Form, d. h., Sie umlaufen Ihre Rückhand. Wenn Sie sich dagegen stärker auf der Rückhand fühlen, werden Sie öfters Ihre Vorhand umlaufen. Da diese unverläßliche Technik aber ein schwieriges Stellungsspiel erfordert, kann sie nicht empfohlen werden.

Veteranen s. Altersklassen.

Volley (Flugball) Man unterscheidet den hohen und den tiefen Volley. Beim hohen Volley wird der Ball vor dem Aufsprung in Höhe des Kopfes oder ein wenig darüber geschlagen. Dieser Schlag darf jedoch nicht mit dem Smash verwechselt werden. Beim tiefen Volley wird der Ball fast auf Bodenhöhe geschlagen.

Vorbereitung Bewegung, mit der der Schläger durch eine Drehung des Oberkörpers und einer Armbewegung nach hinten geführt wird.

Vorteil Bei einem Spielstand von 40:40 ist der im Vorteil, der jetzt den nächsten Punkt macht.

Vorwärtsdrall (gelifteter Schlag) Wenn Sie den Ball von unten nach oben schlagen, geben Sie ihm einen Vorwärtsdrall. Beim Aufsprung nimmt die Geschwindigkeit eines gelifteten Balles zu.

Wettbewerbe (internatioal)

Davis-Cup

Der wichtigste Mannschaftswettbewerb, den bisher nur 7 Länder gewinnen konnten: die USA, Großbritannien, Australien, Frankreich, Südafrika, Schweden und Italien. Dieser Cup wurde im Jahre 1900 von dem Amerikaner M. Dwight Davis ins Leben gerufen. Er stiftete einen silbernen Pokal, der seiner Form wegen ironisch »Salatschüssel« genannt wird. Dieser Pokal ist sehr berühmt geworden. Obwohl vor einigen Jahren die besten Spieler nicht mehr an diesem Wettbewerb teilgenommen haben – professionelle Spieler sind ausgeschlossen worden –, ist der Davis-Cup zu einer Prestigesache geworden.

Seit der Professionalismus im Tennis anerkannt wurde, können alle Spieler an diesem Wettbewerb mit besonderen Spielregeln wieder teilnehmen.

Jeweils zwei Nationen spielen gegeneinander, wobei das Los entscheidet, in welchem der beiden Länder die Spiele stattfinden. Jeder Wettbewerb besteht aus 4 Einzel und 1 Doppel – 2 Einzel werden am 1. Tag gespielt, das Doppel am 2. Tag und die beiden restlichen Einzel am 3. Tag. Die Einzel am 1. und 3. Tag müssen, außer bei Verletzungen, von den gleichen Spielern bestritten werden. Bis zum Jahre 1971 hatte sich der Gewinner des Davis-Cup des Vorjahres direkt für das nächste Finale qualifiziert, das in diesem Falle auch »challenge round« (Herausforderungsrunde) genannt wurde. Seit 1972 gibt es für den Vorjahressieger solche Privilegien nicht mehr.

Dieser Austragungsmodus im Davis-Cup beansprucht viele Wochen im Jahr. Da es in diesem Wettbewerb keine Bargelder zu gewinnen gibt, stellt er ein Verlustgeschäft für die Spieler dar. Aus diesem Grund wird gegenwärtig eine Änderung des Reglements in Erwägung gezogen.

Federations-Cup

Dies ist der Davis-Cup für die Damen. Dieser Wettbewerb, der 1963 ins Leben gerufen wurde, dauert nur eine Woche und findet in einem Land statt. Jeder Wettbewerb besteht aus 2 Einzel und 1 Doppel.

Schweden-Cup (König-Gustav-Pokal)

Dieser Wettbewerb wurde vor dem 2. Weltkrieg ins Leben gerufen, um die tennisarme Wintersaison in Europa zu überbrücken. Seit einigen Jahren hat der König-Gustav-Pokal jedoch ständig an Bedeutung verloren. Jetzt spielt man überall das ganze Jahr über Tennis. Dieser Wettbewerb findet zwangsweise in der Halle statt. Anfänglich wurden 4 Einzel und 1 Doppel gespielt. Paradoxerweise werden in der Endrunde, in die 4 Nationen gelangen, nur 2 Einzel und 1 Doppel gespielt.

Galea-Cup

Dies ist eine Art Davis-Cup für Nachwuchsspieler unter 21 Jahren. Seit seiner Gründung im Jahre 1950 – der Cup trägt den Namen seiner Begründerin – hat der Galea-Cup eine beträchtliche Ausweitung erfahren. Auch nichteuropäische Nationen nehmen an ihm teil. Die Qualifikationsrunden finden in 4 Zonen Europas statt. Die 4 Sieger treffen sich für die Endrunde an einem Austragungsort. Seit langem wird Vichy regelmäßig hierfür ausgewählt.

Cup Annie Soisbault de Montaign

Dieser Wettbewerb, der erst im Jahre 1965 entstand, ist das Gegenstück des Cup Galea für die Damen.

Wildern Im Doppel befindet sich der Partner des Aufschlägers gewöhnlich in der Nähe des Netzes. Wenn es ihm gelingt, einen gegnerischen cross return mit einem Volley zu beantworten, indem er die Seite wechselt, nennt man dies »wildern«.

Wimbledon Das berühmteste Tennisturnier der Welt (Englische Meisterschaft auf Rasenplätzen) findet jedes Jahr Ende Juni, Anfang Juli in Wimbledon, einem Vorort von London, statt. Das erste Tennisturnier wurde dort 1877 ausgetragen.

W. O. (engl. walk-over = überspringen) In einem Turnier bedeutet dies, daß ein Spieler wegen Abwesenheit des Gegners das Spiel gewonnen hat.

Zählweise Warum zählt man 15, 30, 40 und nicht 1, 2, 3 Punkte? Die genaue Herkunft dieser Zählweise konnte nie festgestellt werden. Man weiß nur, daß sie auf das Spiel »jeu de longue paume« zurückzuführen ist, das in einem Gedicht von Charles d'Orleans aus dem Jahre 1439 erwähnt wird.

Es gibt in dieser Richtung viele Vermutungen. Die glaubwürdigste scheint folgende zu sein: in »jeu de longue paume« lief der Aufschläger, der einen Punkt erzielt hatte, jedesmal 15 Fußbreiten nach vorn, 4 Gewinnpunkte brachten ihn ans Netz. Von 45 ist man auf 40 zurückgegangen, denn die Netzposition stellte einen zu großen Vorteil dar. Bei 40 beide wurden 2 Punkte Vorsprung benötigt, denn der Aufschläger war zu sehr im Vorteil.

Im Tennis wurde daher diese Zählweise übernommen. Um ein Spiel zu gewinnen, sind 4 Punkte notwendig, wobei zwei Punkte Vorsprung eingehalten werden müssen. Ein Match umfaßt 3 oder 5 Sätze, d. h. man muß 2 von 3 oder 3 von 5 Sätzen gewinnen. Um einen Satz für sich zu entscheiden, müssen 6 Spiele gewonnen werden, wobei 2 Spiele Vorsprung eingehalten werden müssen (Ausnahme: s. Tie-Break).

Anschriften der Tennisverbände in der BRD und West-Berlin

Badischer Tennisverband e. V.
Jahnstr., Postfach 1230
6906 Leimen/Heidelberg
Tel.: 0 62 24 / 7 37 91 / 7 37 92

Bayerischer Tennisverband e. V.
Brienner Str. 50, 8000 München 2
Tel.: 0 89 / 52 01 51

Berliner Tennisverband e. V.
Auerbacher Str. 19, 1000 Berlin 33
Tel.: 0 30 / 8 25 53 11

Hessischer Tennisverband
Wilhelm-Epstein-Str. 2,
6000 Frankfurt/Main 50
Tel.: 06 11 / 77 20 44

Niedersächsischer Tennisverband e. V.
Walsroder Str. 152, 3000 Hannover
Tel.: 05 11 / 77 15 14

Tennisverband Niederrhein
Bismarckstr. 17, 4000 Düsseldorf
Tel.: 02 11 / 24 61 61

Tennisverband Rheinbezirk
Geibelstr. 2, 5000 Köln 41
Tel.: 02 21 / 44 82 11 oder 40 75 44

Tennisverband Rheinland-Pfalz-Saar
Lisztstr. 6, 6680 Neunkirchen
Tel.: 0 68 21 / 2 51 69

Tennisverband Schleswig-Holstein
Hasselkamp 126, 2300 Kiel-Kronshagen
Tel.: 04 31 / 56 36 13

Westfälischer Tennis-Verband
Westfalendamm 77, 4600 Dortmund
Tel.: 02 31 / 43 15 83

Württembergischer Tennisbund e. V.
Wilhelmstr. 4, 7000 Stuttgart 1
Tel.: 07 11 / 24 13 57

Weitere Anfragen über:

Deutscher Tennis-Bund
Zeißstraße 13
3000 Hannover 81
Tel.: 05 11 / 83 09 61